존 던의 초기시 연구:
『엘레지』와 『풍자시』를 중심으로
(A Study on Donne's Early Poetry: *Elegies* and *Satires*)

2013년도
대한민국학술원 선정
우수학술도서
이 도서는 교육부의 지원으로
대한민국학술원에서 선정한
"2013년도 우수학술도서"임.

존 던의 초기시 연구:
『엘레지』와 『풍자시』를 중심으로

(A Study on Donne's Early Poetry: *Elegies* and *Satires*)

최재헌

경북대학교출판부

최재헌

경북대학교 영어영문학과 및 동 대학원 졸업. 문학박사.
미국 오리건 주립대학 및 노스캐롤라이나 주립대학 교환교수.
밀턴과 근세영문학회 회장 역임.
현 경북대학교 영어영문학과 교수.

주요 저서 및 논문
『다시 읽는 존 밀턴의 실낙원』(2004년 문화관광부 우수학술도서)
『밀턴 이해를 위한 준비되고 쉬운 길』(공저)
『세계 30대 시인선』(공저)
『영미시 오디세이』
『포스트모던 시대의 영미시』(공저)
『존 밀턴의 생애와 사상』
「존 밀턴의 『이혼론』에 나타난 기독교인의 자유와 젠더 문제」 외 논문 다수

E-mail : choijh@knu.ac.kr

존 던의 초기시 연구: 『엘레지』와 『풍자시』를 중심으로
(A Study on Donne's Early Poetry: *Elegies* and *Satires*)

초판1쇄 2012년 7월 5일 • **초판 2쇄** 2013년 9월 10일
지은이 최재헌
펴낸이 함인석 • **펴낸 곳** 경북대학교출판부 • **출판등록** 1973년 10월 10일 ㉑97호
주소 대구광역시 북구 대학로 80 • **전화** 053-950-6741~3 • **팩스** 053-953-4692
이메일 press@knu.ac.kr • **홈페이지** http://press.knu.ac.kr
정가 15,000원 • **ISBN** 978-89-7180-345-5 93840
※파본은 바꾸어 드립니다.

책머리에

본 저서는 17세기 영국을 대표하는 시인인 존 던(John Donne)의 시 가운데서 초기 대표작인 『엘레지』(*Elegies*)와 『풍자시』(*Satires*)에 대한 연구이다. 1970년대까지만 하더라도 존 던 비평은 엘리엇(T. S. Eliot)의 형이상학파 시인에 대한 재평가와 신비평적 글읽기 전략과 경향을 반영하는 범주를 크게 벗어나지 못하였다. 그러나 80년대에 들어서면서부터 영국 르네상스 텍스트를 읽는 방법론에 일대 전기가 일어난다. 지금까지 신비평의 영향을 크게 벗어나지 못하던 존 던을 비롯한 17세기 텍스트에 대한 연구가 젠더 개념이나 이데올로기, 권력, 르네상스기의 언어에 대한 탐구 등으로 인해 완전히 새로운 시각에서 접근하는 것이 가능하게 된 것이다.

지난 20여 년간 비평가들은 던의 엘레지 시편들에 대해 해체주의와 페미니즘, 신역사주의 등 다양한 현대 비평적 방법론을 통하여 이전의 학자와 비평가들이 다루었던 문제들에 대한 논의를 지속적으로 탐구하고 다듬고 확장시켜 왔다. 이들 가운데 캐리(John Carey)의 전기적 접근은 엘레지가 던이 20대의 나이에 가톨릭을 버리고 개종함으로써 겪은 내면의 갈등을 반영하고 있다고 주장하며, 마로티(Arthur Marotti)는 던이 이들 초기 시를 썼던 당시의 사회문화적 환경에 초점을 맞추고 있다. 전더(William Zunder)나 마로티 등은 이들 시편에 깔려 있는 사회 · 정치적 하부텍스트를 분석하여 엘레지에 반영되어 있는 당대의 지리적 발견이나 탐험과 무역과 식민지건설의 상관관계와 다양한 계층 사이의 사회경제적인 관계 등을 규명하고 있다. 이와 함께 최근에는 젠더 문제가 시의 핵심적인 이슈로 다뤄지고 있다. 가부장적 가치에 기초한 문학의 정전을 깨뜨려보려는 하비(Elizabeth Harvey)를 비롯한 페미니스트 비평가들은 엘레지 시편들이 남성 화자의 우월한 지위와 남성적인 언어가 여성을 지배하고 있다는데 대체로 견해를 같이 하고 있으며, 『노래와 소네트』와 『엘레지』 등을 던의 전기적 배경과 함께 새롭게 조명하고 있다. 이들은 던이 남성 중심적 시각에서 글을 쓰고 있으며 여성혐오적 경향을 보여주는 그의 시들이 여성을 비인간화하여 다루고 있다고 주장한다. 또한 이들은 기존의 체제와 사회에 저항하는 『엘레지』의 시들이 위트와 충격적인 전략을 사용하면서 남성적 시각에서 여성혐오적이고 호색적인 경향을 적나라하게 드러내고 있다고 해석한다. 한편 귀보리(Achsah Guibbory) 같은 비평가는 『엘레지』와 같은 시들이 남성과 여성 사이의 관계뿐만 아니라 엘리자베스 여왕과 궁정에 대한 체제전복적인 공격을 은연중 담고 있음을 규명하고 있다.

지금까지 던 연구는 주로 55편의 『노래와 소네트』(*Songs and Sonnets*)와 19편의 『거룩한 소네트』(*Holy Sonnets*)에 집중되고 있는 반면, 21편의 『엘레지』나 5편의 『풍자시』, 그리고 많은 종교시와 산문에 대한 연구는 국내에서 거의 이루어지고 있지 않은 실정이다. 존 던의 초기시에 속하는 『엘레지』는 오늘날의 애가나 비가의 성격을 크게 지니고 있지 않은 연애시들로서, 당시의 페트라르카적 전통을 전복시키면서 남녀간의 성 역할에 대해 새롭게 다루고 있다. 또한 이들 시편들에는 신대륙을 탐험하고 끝없이 영토를 확장하며 정복하려는 17세기 초 영국 팽창주의의 시작을 알리는 특징들이 등장한다. 이러한 발견과 정복의 이미지를 통해 끊임없이 그 의미를 모색하고 있는 던의 사랑의 시편에 자주 등장하는 욕망의 세계는 어떤 성격의 것인지, 그리고 르네상스기 영국에서 여성이 작가나 주체, 혹은 개체로서 어떻게 재현되고 있는지를 던의 『엘레지』 시편들을 중심으로 읽게 될 것이다. 특히 「사포가 필레니스에게」("Sappho to Philaenis")는 레즈비언의 사랑을 다룬 특이한 시로서 젠더에 대한 관심이 높아진 최근에 본격적으로 연구가 되고 있다. 이와 함께 초기시에 속하는 『풍자시』는 돈과 권력, 성과 같은 보편적인 유혹에 대한 젊은 날의 시인이 겪은 심각한 고민과 함께 유혹에 쉽게 넘어가는 세태에 대한 신랄한 비판과 풍자를 읽을 수 있다. 본 연구서는 던의 초기 대표시인 『엘레지』와 『풍자시』를 오늘날의 정신분석비평과 마르크시즘비평, 신역사주의비평, 페미니즘비평 등 다양한 비평적 시각에서 재조명하며, 우리나라에서 연구가 별로 이루어지지 않고 있는 이들 시에 대한 본격적인 연구 성과를 담게 될 것이다.

이들 초기시에 대한 연구는 세속시에서 후기의 종교시와 산문에 이르는 그의 다양한 문학을 이해하는데 매우 중요하다. 일반적으로 던의 시는 그의 전기적인 사실과 연관하여 초기에는 세속시의 성격을 띠다가 후기로 가면서 종교시로 옮아가는 것으로 평가되고 있다. 그러나 우리는 그의 초기 시인 『풍자시』에서도 진지하게 진리를 탐구하면서 자신이 처한 신앙의 위기를 해결하기 위해 당대의 종교적 문제와 종교의 본질에 대해 치열하게 탐구하는 모습도 찾아볼 수 있다. 『풍자시』에서 영국 사회에 만연한 죄악과 타락상을 비판하면서, 잘못된 것을 드러내고 비판하기는 하지만 이를 시정할 마땅한 방법이 없는 데서 느끼는 시인의 좌절감 역시 엿보게 된다.

본 저서의 학술적 가치와 의의는 먼저 『노래와 소네트』와 『거룩한 소네트』에 집중되고 있는 존 던 연구의 범위를 확장시켜, 지금까지 연구가 상대적으로 빈약하게 이루어지고 있는 초기 대표작인 풍자시와 엘레지 시편에 대한 최초의 본격적인 연구라는 데서 찾을 수 있을 것이다. 본 연구는 또한 엘레지와 풍자시라는 장르 연구에 기여하게 될 것이다. 『엘레지』가 주로 사랑이라는 개인적인 영역을 다루고 있는 반면, 『풍자시』는 공적이고 정치적인 면에 초점을 맞추고 있는 점이 다르다. 던의 엘레지는 보다 많은 자유와 존중을 요구하는 17세기 영국의 여성들과, 자신들의 기득권과 남성의 정체성을 상실할까 염려하는 남성들의 성적 · 사회적 불안감을 반영하고 있다. 경제적 · 문화적 요인들과 맞물려 당시 영국에서 일어나고 있던 변화된 성 역할에 대한 논쟁을 규명하고 재평가하면서, 17세기에 일어난 사회와 경제, 문화에서의 근본적인 변화와 함께, 사생활(privacy)과 개인과 자아에 대한 개념이 형성되는 과정을 추적하는 작업을 본 저서는 담고 있다.

이러한 연구를 수행함에 있어서 기존의 연구 성과를 바탕으로 현대의 정신분석비평과 마르크시즘비평, 신역사주의비평, 페미니즘비평 등 최근의 다양한 비평적 방법론으로 다시 읽기를 시도하였다. 특히 던의 엘레지를 기존의 성애적 시각에서만 바라보지 않고, 오늘날의 비평적 방법론으로 사랑의 정치학이나 던의 여성혐오적 경향, 그리고 남성과 여성 간의 권력 관계 등 야망과 정치와 권력에 초점을 맞춰 조명하였다. 또한 이들 시편들에 자주 등장하는 신대륙을 탐험하고 끝없이 영토를 확장하며 정복하려는 17세기 초 영국 팽창주의의 시작을 알리는 특징들을 젠더와 식민주의의 관점에서 해부하고 있다. 레즈비언의 사랑을 노래한 「사포가 필레니스에게」에서는 성차(sexual difference)나 동성애에 대한 근본적인 문제를 탐구하려고 하였다. 책의 마지막 부분에서 지금까지의 던 비평과 연구의 흐름을 정리하고, 그의 생애와 작품, 연표 등을 제시함으로써 난해한 던의 시와 시대에 대해 쉽게 접근할 수 있도록 하여 17세기 영국시와 던을 연구하는 학자와 학생들의 지침이 되고자 하였다.

본 연구는 2000년 미국 오레곤 주립대학에서 교환교수로 연구할 당시부터 관심을 기울여 온 던에 대한 10여 년간의 연구의 집대성이면서, 아울러 던의 대표작인 『노래와 소네트』에 대한 연구와 던의 후기시와 산문에 대한 연구라는 3부작 가운데 시작이 될 것이다. 던은 주로 시인으로 기억되고 있지만 실제로 그가 남긴 작품은 시보다 산문이 더 많으며, 생전에 그가 설교가와 종교적 산문 작가로 더 유명했다는 사실을 고려할 때 그의 산문에 대한 본격적인 연구가 절실히 요구된다고 하겠다. 존 던에 대한 3권의 연구는 던의 초기 세속시에서부터 후기 종교시에 이르기까지 다양한 시세계와 함께, 그의 설교와 기도문 등 종교적 산문을 오늘날의 비평적 성과를 바탕으로 새롭게 조명하는 작업이 될 것으로 생각한다.

2012년 5월

복현 서재에서

최재헌

목차

제1부

『엘레지』

Elegies

Elegies

존 던의 『엘레지』(*Elegies*)에 담겨 있는 20편의 시는 오늘날의 애가나 비가의 성격을 크게 지니고 있지 않은 연애시들이다. 그리스와 로마 문학에서 '엘레지'란 용어는 6보격 행과 5보격 행이 번갈아 오는 소위 '엘레지 율격'(elegiac meter)으로 쓰인 시 모두를 지칭하였고, 이러한 시 형식을 빌려 표현된 변화와 상실, 특히 사랑에 대한 불평 등과 같은 주제를 의미하는 데 사용되었다. 르네상스기 유럽과 영국에서 '엘레지'라는 용어는 던의 엘레지처럼 사랑의 시편을 지칭하기도 하는 등 다양한 용례로 사용되다가, 17세기에 들어서 오늘날과 같이 특정인의 죽음을 격식을 차려 다소 길게 노래하는 애가에 한정해서 사용되게 되었다(Abrams 72). 16세기 말에서 17세기 초에 걸쳐 창작된 던의 엘레지 시편들은 그중 많은 시가 사랑의 무상함과 상실을 강조하고 있다는 점에서 앞서 이야기한 엘레지적인 요소를 지니고 있기는 하지만, 그래도 연애시로 보는 것이 타당할 것이다.

던의 엘레지에 대한 연구는 80년대 들어서 마로티(Arthur Marotti)의 연구로 새로운 전기를 맞게 된다. 그의 새로운 접근 이후로 파핏(George Parfitt)과 피쉬(Stanley Fish), 영(R. V. Young), 패터슨(Annabel Patterson), 귀보리(Achsah Guibbory) 등에 의해 획기적이고 다양한 연구들이 이어지게 된다. 이들의 연구는 엘레지에 등장하는 여성을 기존의 성애적 시각에서만 바라보지는 않는다. 이들은 오늘날의 현대비평을 바탕으로 다양한 관점에서 작품 속 여성을 분석한다. 즉 사랑의 정치학이나 던의 여성혐오적 경향, 그리고 남성과 여성 간의 권력 관계 등 야망과 정치와 권력에 초점을 맞추어 작품 속 여성상을 조명하고 있다. 페미니스트 학자들과 영국 르네상스 시대를 연구하는 역사학자들은 여성들이 독립의식을 가지고 양성의 역할에 대해 큰 관심을 가지게 된 여러 요인이 발생한 시기를 1540년에서 1640년 사이로 보고 있다(Benet 19-20). 즉 시장 경제가 팽창함에 따라 목장일과 옷을 만드는 데 많은 여성들이 직접적으로 가담하게 되었으며, 그 결과 가정 밖에서 여성의 생산성이 증대된 것을 예로 들 수 있다. 거기다가 결혼을 동반자의 관계로 여기고 가정에서 여성의 도덕적 책임을 강조한 청교도적 이상도 큰 영향을 미쳤을 것이다. 또한 16세기 후반은 엘리자베스 여왕이 통치하던 시기라는 사실과 함께, 도시화가 진전되면서 여성이 비교적 자유를 누리게 된 것도 여성의 사회적 지위와 의식에 큰 변화를 초래한 요인으로 짐작할 수 있다.

최근의 존 던 연구는 사랑의 시와 후원제 사이에, 그리고 사랑의 디스코스와 야심찬 남성들이 엘리자베스 여왕의 조정에서 출세를 모색하는 것 사이에 중요한 연관이 있음을 보여주는 등 던의 사랑의 시편에 나타난 정치적 환경과 차원들을 분석하고 있다. 또한 『노래와 소네트』(*Songs and Sonnets*)나 『엘레지』가 집필된 시기가 엘리자베스 여왕이 통치하던 시기라는 사실에 주목하면서 강한 가부장적, 위계적 문화가 지배하던 사회에서 여성의 통치에 복종하는 데 대한 긴장이 시에 반영되어 있다는 사실을 지적하기도 한다. 즉 많은 시가 사랑에 있어서 여성의 우위를 공격하거나 거부하고 있으며 남성의 지배를 회복하려고 시도하고 있다는 것이다. 따라서 이들은 외견상으로는 사랑을 노래하면서 동시에 암암리에 정치적인 성격을 띠고 있는 것으로 해석된다(Guibbory 25-44; Marotti 44-45).

던이 페미니스트 비평가들의 주목을 새롭게 끌고 있다는 사실은 놀랄 만한 일이 아니다. 가부장적 가치에 기초한 문학의 정전을 깨뜨려 보려는 이들 비평가들에게 『노래와 소네트』에 실린 사랑의 시들은 던이 앤 모어(Anne More)와의 비밀결혼으로 인해 그 당시 받았던 평판과 함께 상당한 유인으로 작용하기 때문이다. 이들 페미니스트 비평가들은 던이 한 남성으로서 글을 쓰고 있으며, 이전의 비평가들이 그의 시에 나타난 성차별적 시각들을 발견하고 분석하는 데 실패하였음을 지적한다. 아울러 때때로 그가 만들어내는 부도덕한 시 속에 미화된 남성성을 찬양하며, 그의 몇몇 작품 속에 나타나는 더 실제적이고 매혹적인 주제인 숭고한 문제들은 도외시하였다고 비판하고 있다. 이들은 또한 여성혐오적 경향을 보여주는 던의 시들은 여성을 비인간화하여 어떤 인격도 지니지 않은 살덩어리이며, 이들의 감정은 전혀 고려의 대상이 되지 않는다고 주장한다. 데이비스는 이러한 예를 남성들의 방탕한 행위와 성애적 장면이 적나라하게 묘사되고 있는 『엘레지』에서 찾고 있다(Davies 30-35). 이들은 기존의 체제와 사회에 저항하는 『엘레지』의 시들이 위트와 충격적인 전략을 사용하면서 남성적 시각에서 여성혐오적이고 호색적인 경향을 적나라하게 드러내고 있다고 보는 것이다.

던의 연애시에서는 여성들이 흔히 부정하고 변덕이 심한 존재로 그려져 있다. 특히 그의 『엘레지』는 여성을 남성이 근접할 수 없는 순결하고 이상적인 대상이 아니라 천하고 부정하고 때로는 매우 혐오스럽기까지 한 존재로 묘사하고 있다. 이러한 경향은 여성의 몸을 순결하고 고상하고 완전한 것으로 이상화하고 있는 전통적인 페트라르카풍의 연애시와 궁정식 사랑시의 전통과는 거리가 멀다. 던은 여성을 불쾌한 존재로 그림으로써 이들이 더 이상 숭배하거나 존중할 대상이 아니며, 나아가 이제까지 이상화되어 온 여성의 이미지는 깨뜨려져야 하는 것임을 보여준다. 먼저 "전통에 대한 도전과 여성의 몸"에서는 여성의 부정함과 변덕(inconstancy)은 이러한 던의 혁명적인 글쓰기를 구성하는 핵심 요소이며, 이 변덕으로 인해 던의 시에 등장하는 자아는 끊임없이 전치(displacement)되는 경향을 보인다는 사실을 「엘레지 2」와 「엘레지 8」을 중심으로 밝힌다.

지난 몇 세기 동안 존 던의 『엘레지』를 읽는 독자들은 그가 여성을 다룬 방식에서 당혹감과 불편함을 느껴왔다. 던의 엘레지는 보다 많은 자유와 존중을 요구하는 17세기 영국의 여성들과, 반면에 자신들의 기득권과 남성의 정체성을 상실할까 염려하는 남성들의 성적·사회적 불안감을 반영하고 있다. 이 당시 영국에서는 경제적·문화적 요인들과 맞물려 변하고 있던 성 역할에 대한 논쟁과 재평가가 일어나고 있었다. 남성들은 전통적으로 여성 위에 군림하였던 자신들의 지위를 잃어버리는 데 대해 두려움을 느끼면서 변화하는 성 역할이 가정과 사회의 해체를 초래할까 걱정하였던 것이다. "성 역할과 성 정체성"에서는 던의 엘레지 가운데 전도된 성 역할을 다루고 있는 「엘레지 1」과 「엘레지 3」, 「엘레지 4」, 「엘레지 7」 등을 중심으로 여성 문제에 대한 당대의 사회적 이해를 바탕으로 하여 양성 간의 긴장과 성 역할의 전도에 대해 조명한다.

던의 엘레지를 포함한 사랑의 시편에는 신대륙을 탐험하고 끝없이 영토를 확장하며 정복하려는 17세기 초 영국 팽창주의의 시작을 알리는 특징들이 자주 등장한다. "젠더와 식민주의"에서는 이러한 시 가운데 특히 「엘레지 18」과 「엘레지 19」를 젠더와 식민주의라는 관점에서 분석한다. 이러한 발견과 정복의 이미지를 통해 끊임없이 그 의미를 모색하고 있는 던의 사랑의 시편에 자주 등장하는 욕망의 세계는 어떤 성격의 것인지, 그리고 르네상스기 영국에서 여성이 작가나 주체, 혹은 개체로서 어떻게 재현되고 있는지를 던의 『엘레지』 시편들을 중심으로 읽어 보려는 것이다.

던이 살던 16세기 말과 17세기 초 영국에서는 여성들이 어느 정도 경제적, 사회적 자유를 획득하게 됨으로써 전통적인 젠더의 구별이 희미해지거나 무너지게 되고, 이는 사회의 붕괴와 성적 혼란을 야기할 수 있다는 두려움을 불러일으키게 된다. 던의 엘레지 시편들도 몇 편을 제외하고는 시대적 논점이었던 여성 문제와 관련된 내용을 다루고 있다. 이들 시에서 여성은 남성보다 더 대담하고 호색적이고 신의가 없는 인물로 묘사되며, 전통적으로 남성들이 지녔던 자질과 행동을 보여주고 있다. "남성의 욕망과 판타지"에서는 「엘레지 6」과 「엘레지 16」, 「엘레지 20」을 중심으로

『엘레지』에 나타나는 남성 화자의 논리적 모순에 주목하면서 남성의 욕망과 판타지를 분석하려고 하는 것을 목적으로 한다. 던의 시에서 남성 화자가 여성을 공격하고 비하하는 것은 여성을 더 이상 지배할 수 없는 것에 대한 불안감과 경계심, 그리고 전통적인 성 역할이 도전받고 전복되는 데 대한 위기감을 드러내는 것이며, 이를 통해 남성으로서의 정체성을 확고히 하고자 하는 욕망의 발로라는 사실을 규명하는 작업이다.

던의 많은 작품 가운데에서뿐만 아니라 르네상스 시대 문학 전체에서도 매우 특이한 자리를 차지하고 있는 열정적인 레즈비언의 사랑을 다루고 있는 엘레지 「사포가 필레니스에게」는 그동안 비평가들에게서 무시를 당해 왔다. 그러다가 이 시에 대한 본격적인 연구가 최근 10여 년을 전후하여 활발히 이루어지고 있는데, 여기에는 젠더에 대한 높아진 비평적 관심과 무관하지 않은 것으로 보인다. "레즈비언의 사랑과 성차"에서는 남성 시인 던이 여성을 대변하면서 동시에 여성으로서 말하는 「사포가 필레니스에게」에서 여성의 목소리와 성을 어떻게 재현하고 이용하고 있는가 하는 문제를 집중적으로 조명하고 있다. 이렇게 하여 영국의 르네상스 문학에 등장하는 욕망의 세계와 성의 정치학을 규명하고, 나아가 그동안 침묵당하고 금기시되었던 레즈비언의 욕망이라는 주제를 젠더 문제와 함께 다루고자 한다.

전통에 대한 도전과 여성의 몸: 「엘레지 2」와 「엘레지 8」

■ 던의 연애시에서는 여성들이 흔히 부정하고 변덕이 심한 존재로 그려져 있다. 특히 그의 『엘레지』는 여성을 남성이 근접할 수 없는 순결하고 이상적인 대상이 아니라 천하고 부정하고 때로는 매우 혐오스럽기까지 한 존재로 묘사하고 있다. 이러한 경향은 여성의 몸을 순결하고 고상하고 완

전한 것으로 이상화하고 있는 전통적인 페트라르카풍의 연애시와 궁정식 사랑시의 전통과는 거리가 멀다. 던은 여성을 불쾌한 존재로 그림으로써 이들이 더 이상 숭배하거나 존중할 대상이 아니며, 나아가 이제까지 이상화되어 온 여성의 이미지는 깨뜨려져야 한다고 보는 것 같다.

기존의 사회가 갖고 있는 제도와 관습에 대한 던의 저항과 도전은 그의 풍자시와 함께 『엘레지』에서 쉽게 찾아볼 수 있다. 이 『엘레지』에 실린 시들은 부정하거나 사회적으로 용인되지 않는 관계를 통해 부모나 아버지, 남편으로 대표되는 전통적인 권위에 맞서는 내용을 담고 있다. 예를 들어 「엘레지 4: 향수」("The Perfume")는 어린 소녀와의 관계를, 「엘레지 1: 질투」("Jealousy")와 「엘레지 7: 자연의 풋내기 바보」("Nature's Lay Idiot")는 유부녀와의 관계를, 그리고 「사포가 필레니스에게」("Sappho to Philaenis")는 레즈비언의 사랑을 다루고 있다. 또한 이들 관계는 종종 위험한 공적인 세계로부터 감추어진 은밀하고 사적인 것으로 그려지고 있음을 볼 수 있다(Guibbory, Donne 132).

영국 르네상스 시대의 연애시는 로마 시인 오비디우스(Ovid)와 이탈리아 시인 페트라르카(Petrarch)의 전통을 이어받고 있다. 페트라르카는 중세 시대의 기사도 전통에서 궁정의 기사가 귀부인에게 바치는 헌신과 흠모를 주제로 한 소네트를 발전시켰는데, 오비디우스의 『사랑의 기술』(*The Art of Love*)을 모델로 하여 이상화된 여성에 대한 남성들의 일방적이고도 맹목적인 사랑을 다루고 있다. 여성의 이상화된 아름다움과 냉혹함으로 인해 사랑에 빠진 남성이 잠 못 이루고 몸부림치는 상황을 다루는 소네트를 중심으로 한 연애시는 특히 영국에서 선풍을 일으키는데, 이는 아마도 엘리자베스 여왕에 대한 국민들의 왜곡된 갈망이 가장 큰 원인으로 생각된다. 페트라르카식 사랑법은 엘리자베스 여왕이 죽고 17세기 사실주의 문학의 선구자격인 존 던에 의해 철저히 부정될 때까지 이어진다(최재헌, 『영국시의 이해』 1-2).

여성을 욕망의 대상이 아니라 미학적인 아름다움과 종교적인 덕목과 순결함을 지닌 이상적인 존재로 그리고 있는 페트라르카의 전통과 달리, 오비디우스의 연애시는 여성을 성적인 욕망의 대상으로 보고 이 욕망을 충족시키는 것에서 사랑의 보답을 찾고 있다. 따라서 오비디우스는 여성의 도덕성이나 정절을 이야기하기보다는 감각을 자극시키거나 성애에 대한 사실적인 묘사로 상스럽기까지 한 사랑을 묘사한다. 던은 이러한 문학적 전통 속에서 자기 시의 모델을 페트라르카의 시에서보다는 오비디우스의 시에서 찾고 있다. 던은 『엘레지』와 『노래와 소네트』에 실린 초기시에서 오비디우스의 『아모레스』(*Amores*)에서 볼 수 있는 관능적이며 감각적 사랑에서 벌어지는 극적 요소들을 모방하고 있다. 사랑에 대한 지나친 이상화를 거부하고 사실적인 분석을 행한 오비디우스처럼, 던은 인간이 동물과 공통된 본성과 육체를 지니고 있다는 생각에서 사랑을 거의 육체적인 것으로 다루고 있다. 이들 시에서 남성 화자는 남녀 관계에서 돈과 성행위에 대한 자신들의 관심을 솔직히 인정하면서 이상이 아니라 실제적인 것에 따라 행동한다. 오비디우스가 사랑의 노예가 된 연인을 노래한 라틴 엘레지의 전통을 깎아 내리고 수정을 가하고 있듯이, 던 역시 페트라르카의 전통을 전복시키고 있는 것이다. 오비디우스는 사랑을 사랑하는 여인과 그녀에 대한 감정에 지배되는 것이 아니라 연인 스스로가 조절하면서 행하는 일종의 기교로 보았다. 따라서 그의 시에 등장하는 연인은 세련된 위트와 자의식을 지닌 합리적이고 자기 통제력을 지닌 인물로 묘사되고 있다. 던의 엘레지가 이 오비디우스의 엘레지와 다른 점은 귀보리가 지적한 바와 같이 던의 경우 남성 화자의 우월성이 강조되면서 여성 혐오적 경향이 짙게 드러나는 등 젠더가 특별한 중요성을 띠고 있다는 사실을 들 수 있을 것이다(Guibbory, *Elegies* 819-20). 또한 오비디우스가 성적 쾌락을 비교적 분명한 어조로 다루고 있는 반면, 던은 복잡한 수사적 기교를 구사하며 이 욕망의 문제를 직접적이라기보다는 비유적으로 다루고 있는 점에서도 뚜렷한 차이를 보여주고 있다(Belsey 66-70).

던의 『엘레지』는 남녀 간의 성적인 문제를 다루고 있지만 일반적인 의미의 연애시라고는 할 수 없다. 왜냐하면 이들 시가 어떤 특정한 관계나 연애 감정에 초점을 맞추고 있지 않기 때문이다. 대부분의 엘레지는 베넷이 말한 바와 같이 남성과 여성의 본성과 역할에 관한 시이면서, 양성 간의 가족관계나 사회적 관계를 다루고 있다고 하겠다(Benet 19). 이들 가운데 특히 추하게 생긴 여성에 대한 과장된 묘사를 하고 있는 「엘레지 2」와 「엘레지 8」은 여성의 아름다움에 대한 정의와 가치를 주로 다루고 있다. 즉 전자는 아름다움과 추함의 요소들은 동일한 것이며 추함이 보다 바람직하다는 사실을 보여주고 있으며, 후자는 여성의 매력과 혐오스러움은 이들을 바라보는 남성의 시각에 전적으로 달려 있다고 주장하고 있다. 이 장에서는 동시대의 다른 시인과 달리 여성과 사랑에 대해 다양하면서도 상충되는 시각을 보여주고 있는 던의 『엘레지』 중에서 시인이 여성의 몸을 통해 어떻게 기존의 전통과 권위에 도전하고 있는지를 「엘레지 2」와 「엘레지 8」을 중심으로 조명하려고 한다.

▒ 「엘레지 2: 철자 바꾸기」에 등장하는 여성이 누구인지를 분명하게 말하는 것은 불가능하다. 그녀는 어떠한 안정된 정체성도 지니고 있지 않으며, 뚜렷한 인상착의나 모습에 대해서도 알 수 없기 때문이다. 더욱이 그녀를 구성하고 있는 미의 요소들이 제자리에 있지 않고 전치되어 있다는 사실은 그녀가 어떤 특정 개인의 자아를 나타낸다기보다는 코페르니쿠스 이후의 변화된 인간 조건을 구현하고 있다고 도처티는 주장하고 있다(Docherty 63). 변덕스럽고 부정한 이 여인은 확실한 삶의 중심을 상실하고 변화하는 환경에 노출된 인간의 의식 상태를 상징적으로 표상하며, 이전과는 혁명적으로 달라져 버린 사회의 혼란스러운 모델 역할을 하고 있다고 볼 수 있다.

이 시는 추함을 찬양한 시인데, 16세기 이탈리아를 비롯한 유럽에서는 못생긴 여성의 얼굴을 찬양하는 시가 유행했다고 한다(Stringer 764-66). 시의 전반부는 극단적으로 추하게 생긴 여성에 대해 아이러니한 어조로 찬양하고 있다. 따라서 시 전체가 역설적이며 냉소적인 어조로 되어 있다. 마로티가 말한 바와 같이 「엘레지 2」는 경쟁자에게 못생긴 여자와 결혼하라고 익살맞게 권하는 형식으로 씌어진 역설적인 찬사라고 할 수 있다. 그는 이 시가 처음에는 독자들을 즐겁게 하고, 다음에는 틀린 논리로 빠르게 주장을 늘어놓음으로써 독자를 당혹스럽게 하고, 마침내는 기존의 우아한 호색문학에 대한 전통을 뒤엎음으로써 독자로 하여금 혐오감을 느끼게 한다고 주장한다(Marotti 45-47). 시의 시작 부분부터 던은 재치 있으면서도 조직적으로 여성의 아름다움에 대한 전통을 전복시키고, 그렇게 함으로써 금발과 작은 입과 흰 치아로 대표되는 여성의 미를 찬양한 페트라르카풍의 전통을 장난기 넘치게 조롱하고 있음을 볼 수 있다.

결혼하라, 그리고 사랑하라 그대의 플라비어를, 왜냐하면 그녀는
다른 여인들의 아름다운 모든 것을 가졌으니,
비록 그녀의 눈은 작지만 입은 크고
눈은 아이보리 색이지만 치아는 칠흑 같고
눈은 흐리지만 그녀는 충분히 가볍다네.
그녀의 거친 머리털은 빠지지만 피부는 털북숭이라네.
그녀의 뺨은 노랗지만 머리는 붉다네.
그녀에게 당신의 것을 주라, 그러면 그녀는 처녀막을 갖고 있으니.
이것들이 미의 요소이니, 이들이 한곳에 모이면
그것은 완벽을 이루어 기쁘게 하리니.

Marry, and love thy Flavia, for, she

Hath all things, whereby others beauteous be,
For, though her eyes be small, her mouth is great,
Though they be ivory, yet her teeth are jet,
Though they be dim, yet she is light enough,
And though her harsh hair fall, her skin is rough;
What though her cheeks be yellow, her hair is red,
Give her thine, and she hath a maidenhead.
These things are beauty's elements, where these
Meet in one, that one must, as perfect, please. (1-10)

화자는 논리가 빈약하기는 해도 분명 삼단논법에 근거하여 자신의 주장을 펼치고 있다. 우리는 여기서 플라비아의 작고 흐릿한 눈과, 큰 입과, 거무튀튀한 이와 붉은 머리가 늙어가는 엘리자베스 여왕의 모습을 연상시킨다는 귀보리의 지적에 주목할 필요가 있다. 그녀가 언급한 바와 같이 던은 여성을 순결하고 범할 수 없는 이상적인 존재로 그리지 않고, 천하고 부정하며 때로는 혐오스럽기까지 한 존재로 묘사하고 있다(Guibbory, *Elegies* 814). 던은 여성의 몸을 순수하고 고상하고 이상적인 것으로 묘사한 궁정시와 페트라르카풍의 연애시의 전통을 거부하고 기괴하게 생긴 여성의 몸을 묘사하는 것을 즐겼다. 그는 『엘레지』에서 이처럼 이상화된 여성의 이미지를 깨뜨림으로써 여성이 불쾌할 수도 있으며 적어도 더 이상 숭배할 대상은 아니라는 점을 주장하고 있는 것이다.

시의 서두에서 플라비아라는 여성이 비록 제자리에 있지는 않지만 미의 모든 요소를 지니고 있으니 그녀를 사랑하고 결혼하라고 권하고 있다. 그러면서 왜 그녀가 사랑을 받을 만한지 그 이유들을 매우 역설적이면서도 냉소적인 어조로 열거한다. 5행에서 "눈은 흐리지만 그녀는 충분히 가볍다네"라는 구절에서 눈은 탁하고 흐리지만 그녀는 충분히 "밝다"

(light)라고 하여 "light"의 또 다른 뜻인 그녀의 방종함과 경박함을 비꼬고 있다(Smith 415). 8행의 "그녀에게 당신의 것을 주라, 그러면 그녀는 처녀막을 갖고 있으니"라는 구절에서 "당신의 것"은 머리털일 수도 있고, "maidenhead"와 운을 맞추어 머리(성기를 의미) 혹은 동정(virginity)을 의미할 수도 있다. 따라서 이 구절은 그녀가 처녀와 같이 많은 머리털을 가지게 된다는 뜻과, 첫 성적 경험을 하게 되거나 그녀 역시 처녀성을 바치게 될 것이라는 등 다양한 의미를 지니게 된다.

「엘레지 2」는 당시 유행하던 오비디우스풍의 호색문학뿐만 아니라 페트라르카의 궁정문학의 전통에 의해 신비화되던 에로티시즘에 대해 점점 노골적으로 거부하는 방향으로 나아가면서 조직적으로 기존의 전통을 전복시키고 있다. 마로티의 주장처럼 이 시는 단순히 반(反)여성주의만을 보여주는 것이 아니라 성애를 둘러싼 관습과 의식 전반에 대해 의문을 제기하고 있다. 또한 냉소적이면서도 재치에 넘치는 어조로 궁정 연애의 정중한 전통을 공격함과 동시에 던과 그의 친구들이 탐닉하던 성적 모험에 대해서도 공격하고 있다(Marotti 48-50). 던이 구사하는 이미지는 처음에는 악의 없이 장난기 섞인 것에서 점차 잔혹하며 혐오스러운 것으로 옮아간다.

붉고 희고 각양의 좋은 자질이 그대의 아가씨에게 있다면
그것이 어디에 있는지 묻지 마라.
향기 나는 물건을 살 때는 사향과 호박이 안에 들어 있는지 묻지만
어디에 있는지는 묻지 않는다.
비록 모든 부분이 정상적인 위치에 있지 않다 해도
그녀는 아름다운 얼굴의 애너그램을 가졌으니.
만약 우리가 글자를 한 가지 방식으로만 배열한다면
단어가 턱없이 모자랄 때 무엇을 말할 수 있겠는가?

음계를 이용해 어떤 음악가들이 하나의 완전한 노래를 만들 때
다른 이들은 같은 음계를 바꿔서
똑같이 훌륭한 노래를 만드네.

If red and white and each good quality
Be in thy wench, ne'er ask where it doth lie.
In buying things perfumed, we ask, if there
Be musk and amber in it, but not where.
Though all her parts be not in th' usual place,
She hath yet an anagram of a good face.
If we might put the letters but one way,
In the lean dearth of words, what could we say?
When by the gamut some musicians make
A perfect song, others will undertake,
By the same gamut changed, to equal it. (11-21)

"비록 모든 부분이 정상적인 위치에 있지 않다 해도 / 그녀는 아름다운 얼굴의 애너그램을 가졌으니"(15-16), 마치 글자를 서로 옮겨 놓음으로써 다양한 생각을 표현하듯이 남성이 플라비아의 미의 요소를 재구성하여 미인으로 만들 수 있다는 생각을 제시하고 있는 듯하다. 동일한 알파벳을 다양하게 배열하여 풍부한 언어적 표현을 할 수 있고 같은 음계로 수많은 노래와 음악을 작곡하듯이, 플라비아의 얼굴과 정체성은 미를 구성하는 요소가 다양하게 배열된 결과물이라는 것이다. 플라비아의 얼굴과 정체성의 유일한 형식적 구성요인이 되는 전치는 바로 말과 음악의 근원이 되고 있다. 요컨대 이 전치야말로 시적 언어의 근원이라고 할 수 있는 것이다. 여기서 던은 역설적인 표현을 통해 여성의 아름다움에 대한 전통적인 생각

을 해체시키면서 아름다움은 인위적으로 구축될 수 있다고 주장하고 있는 듯하다. 즉 인간이 마치 글자를 다르게 배열하여 하고 싶은 말을 다양하게 표현하듯이, 플라비아가 지니고 있는 미의 부분들을 재배열하여 아름다운 여성으로 만들 수 있다고 보는 것이다.

플라비아의 추함을 찬양하며 다양한 음표로 작곡되는 완벽한 하모니와 다양함 속의 통일성의 상징으로 음악을 이야기하던 화자는 이제 갑자기 여성과 천사를 비교하고 있다. 냉소적이지만 자명한 이치를 말하던 시가 이제부터는 점점 비위에 거슬리는 수단을 통해 주장을 강화하기 시작한다 (Marotti 47-48).

그 자체로서 훌륭한 것은 서로 잘 맞지 않을 수 없으니
모두가 그녀와 같다면 그녀는 누구와 마찬가지로 아름다울 것이며
아무도 그녀와 같지 않다면 그녀는 비길 바 없을 것이네.
모든 사랑은 경이로움이지. 그녀의 훌륭함을 제대로 인정한다면
어찌 사랑스럽지 않겠는가?
사랑은 아름다움 때문에 싹트나 그 아름다움처럼 이내 시드니
이 얼굴을 택하라, 어떤 추함에도 변하지 않는.
여자들은 모두 천사와 같아. 미인은
더 못한 상태로 타락한 천사들처럼 되지만, 그녀 같은 이는
선한 천사와 같아서 그 무엇도 그녀를 손상시킬 수 없다네.
천하게 되는 것이 과거에 아름다웠던 것보단 덜 슬퍼할 일이지.
하룻밤의 술잔치를 위해서는 비단과 황금을 선택하지만
긴 여행을 떠날 때는 옷과 가죽이 필요하다네.

Things simply good, can never be unfit.
She's fair as any, if all be like her,

And if none be, then she is singular.
All love is wonder; if we justly do
Account her wonderful, why not lovely too?
Love built on beauty, soon as beauty, dies,
Choose this face, changed by no deformities.
Women are all like angels; the fair be
Like those which fell to worse; but such as she,
Like to good angels, nothing can impair:
'Tis less grief to be foul, than to have been fair.
For one night's revels, silk and gold we choose,
But, in long journeys, cloth, and leather use. (22-34)

먼저 만약 애인이 다른 많은 여성들과 별로 다를 바가 없다면 그녀는 "누구와 마찬가지로 아름다울 것"이며, 만약 그녀의 외모가 다른 여성들과 뚜렷이 구별된다면 "비길 바 없"는 독특한 외모를 지니고 있다는 것을 의미한다는 것이다. 계속해서 화자는 "모든 사랑은 경이로움이지"(All love is wonder)라고 말하고 "그녀의 훌륭함을 제대로 인정한다면 어찌 사랑스럽지 않겠는가?"(if we justly do / Account her wonderful, why not lovely too?)라고 단정 짓고 있다. "사랑"은 "경이"이므로 경이로움으로 가득 찬 상태(wonderful)는 사랑으로 가득 찬 상태(full of love; lovely)와 같아야 한다는 것이다. 피쉬의 지적처럼 던은 마치 "lovely"가 "love"의 형용사인 것처럼 "wonderful"이 "wonder"의 형용사인 것같이 간주하며 의도적으로 오류가 있는 논법을 거침없이 전개하고 있다(Fish 158).

이어서 화자는 "여자들은 모두 천사와 같아"라고 여성을 천사와 비교하고 있다. 흥미로운 것은 냉소적인 어투로 미인을 타락한 천사에, 그리고 못생긴 여성을 선한 천사에 비교하고 있다는 점이다. 앞서 "사랑은 아름다움 때문에 싹트나 그 아름다움처럼 이내 시드니"라고 함으로써 아름다운 여성은 타락한 천사처럼 더 못한 상태로 떨어질 수 있음을 상기시킨 바 있다. 즉 미인은 머지않아 그 아름다움이 시들어 타락한 천사처럼 될 것이지만, 플라비아처럼 못생긴 여성은 더 이상 추하게 변할 것도 없기 때문에 타락하지 않는 선한 천사와 같다는 역설을 펴고 있는 것이다. 이렇게 보면 도처티가 주장하는 바와 같이 아름다움은 나쁜 것이며 추함은 선하다는 논리가 성립되어 아름다움과 추함에 대한 일반적인 생각을 뒤엎고 있는 셈이 된다(Docherty 65). 천사는 인간과 신의 형이상학적 공간에 존재하는 다소 모호한 존재이면서, 초월적인 신과 세속적인 역사와 시간 안에 존재하는 인간을 이어 주는 매개이기도 하다. 한편 도처티는 "angel"이 금화를 가리키는 속어라는 사실에 주목하며 여성이 돈(금화)과 같은 교환의 매개 혹은 상징으로 다뤄지고 있다고 말한다(Docherty 68-69). 이러한 주장은 여성은 돈과 같이 그를 소유하는 남성에 의해 정체성이 결정되기 때문에 플라비아를 포함한 여성은 어떤 확실한 정체성도 지닐 수 없다는 사실을 배경에 깔고 있다고 하겠다.

이에 덧붙여 화자는 "하룻밤의 술잔치를 위해서는 비단과 황금을 선택하지만 / 긴 여행을 떠날 때는 옷과 가죽이 필요하다네"(33-34)라고 하여 하룻밤 쾌락의 대상과 결혼의 대상은 엄연히 다르다는 사실을 말하고 있다. 즉 화자는 경험을 통해 미인이 하룻밤 같이 즐기기에는 좋지만, 이들은 정숙하지 못하여 "사업상 자주 자리를 비우는"(44) 자의 결혼상대로는 적합하지 않다는 것을 너무나 잘 알고 있다는 말이다.

> 미인은 흔히 애를 낳지 못하지. 최고의 농부가 말하기를
> 가장 더러운 길에 최고의 땅이 있다고 하지. . . .
> 그녀의 얼굴이 그녀를 지켜 주네. 그대가 사업상
> 자리를 자주 비워야하기 때문에

그녀의 얼굴은 구름처럼 낮을 밤으로 바꿔 주며,
바다보다 강력한 그녀는 무어인들을 하얗게 질리게 만든다네.

Beauty is barren oft; best husbands say
There is best land, where there is foulest way. . . .
So doth her face guard her; and so, for thee,
Which, forced by business, absent oft must be,
She, whose face, like clouds, turns the day to night,
Who, mightier than the sea, makes Moors seem white, (35-46)

"미인은 흔히 애를 낳지 못하지. 최고의 농부가 말하기를 / 가장 더러운 길에 최고의 땅이 있다고 하지"(35-36)라는 구절에서 던은 못생긴 아내나 애인을 둔 남자는 그녀의 정조에 대해 걱정할 필요가 없기 때문에 좋다는 사실을 재치 있고 아이러니한 어조로 주장하고 있다. "husbands"는 물론 성적인 풍자를 함축하면서 남편이나 결혼한 남자를 뜻하기도 하고, 땅을 경작하는 농부를 의미하기도 한다(Smith 416). 땅을 가는 행위는 성적인 행위를 암시하면서 사랑과 경작, 그리고 쾌락과 번식의 의미를 동시에 전달하고 있다. 따라서 이 구절은 얼굴은 못생겨도 그녀의 성기는 훌륭할 수 있다는 짙은 성적 함의를 담고 있다고 할 수 있다. 화자는 그녀의 얼굴과 생식기가 추하다는 공통점을 들면서 이 둘을 불쾌하게 연결시키고 있다. 그녀는 얼굴만 못생긴 것이 아니라 성기까지 더럽기 그지없다는 말이다. 못생긴 얼굴뿐만 아니라 더러운 그녀의 몸은 어느 누구의 접근도 막는 강력한 무기가 되어 "바다보다 강력한 그녀는 무어인들을 하얗게 질리게" 만든다. 이는 바다도 흑인을 희게 씻어내지 못했는데 못생긴 얼굴로 그들을 하얗게 질리게 만들어 버리는 그녀는 바다보다 더 힘이 세다는 의미를 함축하고 있다.

비록 못생겼지만 미의 요소를 어디엔가 지니고 있는 플라비아를 사랑하라고 하면서 찬양하던 시의 분위기는 35행 이후에서는 완전히 바뀌고 있다. 전반부에서 그녀의 얼굴에 대해 언급하며 찬양하던 시가 이제는 그녀의 성기에 대해 다루고 있다. 시의 앞부분은 플라비아와 그녀의 추한 외모가 갖는 사회적·개인적 이점에 대해 농담조로 이야기하였지만, 후반부에서 시인은 플라비아가 너무나 못생긴 얼굴을 하고 있기 때문에 그녀의 정조에 대해 걱정할 필요조차 없을 정도이다. 마지막 행의 "유행에 따라 누구나 옷을 입을 것"(For things in fashion every man will wear)이라는 구절에서 "유행"은 성적으로 문란했던 당시 런던의 여성들의 성 풍속도를 일컫고 있다. "wear"는 옷을 입는다는 뜻 외에 남성들이 성관계를 가질 때 마찰로 닳게 된다는 사실을 일컫는 말장난이라고 할 수 있다. 이처럼 시는 못생긴 여자라는 주제 면에서뿐만 아니라 그녀의 얼굴을 묘사하는 데서 시작하여 "더러운 쓰레기"(dirty foulness)로 보호받고 있는 그녀의 성기를 묘사함으로써 높은 곳에서 낮은 곳으로 옮겨가고 있다.

■ 이 「엘레지 2: 철자 바꾸기」는 못생긴 여성을 다룬 의사 연애시(mock love poem)인 「엘레지 8: 비교」와 여러 면에서 매우 유사하다. 던은 이 8번 엘레지에서 아름다운 여성의 몸과 추한 여성의 몸을 비교하는 형식을 취하고 있다. 그런데 「엘레지 2」가 이들 두 여성들 사이의 대조뿐만 아니라 연속성을 은연중 제시하고 있다면, 「엘레지 8」은 이 연관성을 분명하게 하고 있다는 점에서 차이가 있다. 여성의 몸을 순수하고 고상하고 이상적인 것으로 묘사한 궁정시와 페트라르카풍의 연애시의 전통을 거부하고 기괴한 여성의 몸을 묘사하기를 즐겨했던 던은 엘레지 시편에서 양성 간의 관계를 갈등이 일어나는 장소로 되풀이해서 그리고 있다. 그는 남녀 간의 관계를 탐구하면서 특히 여성의 몸에 초점을 맞추고 있는데, 던의 세계에서 인간의 몸은 사회 체제의 가치와 질서, 권력과 위험 등을 상징적으로

표현하는 사회에 대한 상징으로 읽을 수 있다. 던이 남녀 간의 성적 관계뿐만 아니라 여성의 몸을 사회적·정치적 중요성을 띠는 것으로 다루고 있음은 주목할 만하다.

남녀 간의 관계를 다루는 많은 『엘레지』 시편들이 두드러지게 여성 혐오적인 시각을 드러내고 있다. 지금까지 많은 비평가들이 던의 호혜적인 사랑의 시들은 시인의 진정한 감정을 담고 있다고 보는 반면, 여성 혐오적이고 냉소적인 시들은 청년 시절에 친구들끼리 돌려 읽기 위해 마음껏 재치와 수사력을 과시하여 재미 삼아 쓴 것이기에 시인의 실제 생각을 담고 있다고 보지 않는 경향이 있었다. 그러나 귀보리는 이러한 비평적 태도가 일관성이 없고 편향적이라고 비판하고 던의 『엘레지』를 비롯한 많은 시에서 여성 혐오적인 시각은 부인할 수 없을 정도로 지배적으로 드러나 있다고 주장한다(Guibbory, *Elegies* 812). 그녀는 『노래와 소네트』에 실린 다수의 시에서는 『엘레지』와 전혀 다른 시인의 태도도 물론 발견할 수 있지만, 그렇다고 해서 『엘레지』에 노골적으로 드러나 있는 여성 혐오적 경향을 인정하기를 거부하고 억압하는 것은 시인과 그의 시에 대한 올바른 태도가 아니라는 설득력 있는 주장을 펴고 있다. 엘리자베스 여왕이 다스리던 시대에 남녀 간의 연애 관계에서 여성의 지배를 공격하는 것은 바로 공적인 세계에서 여성의 통치를 간접적으로 공격하는 것으로 볼 수도 있다. 남녀 간의 사랑을 다룬 던의 엘레지들은 정치적인 색채가 농후한 언어로 쓰여 있다. 많은 시들이 드러나게는 연애시의 모습을 하고 있으나 은연중에는 정치적인 성격도 지니고 있는 것이다. 따라서 이들 엘레지는 사랑하는 사람들 사이의 관계의 역학을 탐구하면서 동시에 정치적으로 체제 전복적인 잠재성도 갖고 있다는 해석이 가능하다.

「엘레지 8」 역시 「엘레지 2」처럼 생생하고 정교한 이미지로 독창적이면서도 듣기에 거북하고 심지어 구역질나기까지 하는 일련의 비유들을 통해 풍자만화같이 과장된 여인의 모습을 제시하고 있다. 피터슨은 이 시가 담고 있는 냉소주의와 환멸은 던 자신의 태도라기보다는 여성과 사랑에 대한 당시의 유행하던 경향에 대한 자신의 태도를 반영하는 것으로 보고 있다(Peterson 301). 시의 구조는 더할 나위 없이 단순한데, 화자는 자신의 애인을 그의 경쟁자의 애인과 조목조목 비교하며 결국 자기 애인이 훨씬 낫다고 선언하고 있다. 흥미롭게도 화자 자신의 애인이 지닌 매력에 대해서는 시의 삼분의 일 정도로만 다루고 나머지 부분은 그의 적의 애인을 공격하는 데 할애하고 있는데, 공격하는 어조가 매우 신랄하고 적의에 차 있다. 그런데 이 단순하기 그지없는 시의 구조는 피쉬가 주장하는 것처럼 이내 근본적으로 흔들리기 시작한다. 왜냐하면 화자의 애인이나 적의 애인 모두 흉측하게 묘사되고 있어서 독자는 이들 둘 사이를 구분하는 것이 어렵게 되어 버리기 때문이다(Fish 159). 귀보리 역시 이 시는 아름다운 여성의 몸과 추한 여성의 몸 사이의 대조가 아니라 연관성을 제시하고 있다고 본다. 외견상 구별되는 두 여성은 둘 다 열려(?) 있고 땀을 흘리며 배설하며, 병에 걸린 것 같은 몸을 지니고 있다는 공통점이 있다. 시는 얼굴과 생식기를 섞어서 묘사하며, 여성의 몸을 해부하듯이 이마에서부터 머리와 얼굴을 묘사하는 데서 시작하여 가슴으로, 팔로, 피부로, 손으로, 그리고 성기를 묘사하다가 마지막으로 충격적인 이미지를 통해 격렬하면서도 병든 것 같은 성교에 대한 묘사로 이동하고 있다. 따라서 귀보리는 이 두 여성이 사실은 서로 다른 시각에서 바라본 한 여성일 수 있으며, 이를 통해 여성에 대한 이상화를 해체시키고 있다는 견해를 제시한다. 던은 그렇게 함으로써 남성이 여전히 우월하다는 위계질서를 확인하며 남성과 여성 사이의 관계를 재구축하는 것으로 파악하고 있는 것이다(Guibbory, *Elegies* 815-17).

페트라르카의 연애시에 대한 기괴한 패러디의 형식을 취하고 있는 「엘레지 8」은 여성의 실체를 해부하며 여성이 지닌 육체적 아름다움에 대해 맹렬한 비난을 가함으로써, 덧없는 아름다움에 지나치게 집착하여 육욕적 사랑에서 헤어나지 못하는 남성으로 하여금 그 환상에서 깨어나도록 촉구하는 듯하다. "비교"라는 시의 제목에서 짐작할 수 있듯이 시의 화자는 처음부터 "as"나 "such", "like"로 시작되는 비교 구문을 통해 자신의 애인을 페트라르카 시의 여성들처럼 이상적인 여인으로 묘사하면서 시작하고 있다.

증류한 향기로운 장미의 땀처럼,
피부가 벗겨진 사향노루의 기공에서 흐르는 것처럼,
이른 아침 동녘의 효능이 강한 향유처럼,
그런 것이 내 연인의 가슴에 맺힌 땀방울이라네.
또 그녀 목덜미의 피부는 너무나 윤기가 흘러
땀방울이 아니라 진주 목걸이처럼 보인다네.

As the sweet sweat of roses in a still,
As that which from chafed musk cat's pores doth trill,
As the almighty balm of th' early east,
Such are the sweat drops of my mistress' breast.
And on her neck her skin such lustre sets,
They seem no sweat drops, but pearl carcanets. (1-6)

화자는 자기 애인의 가슴과 목에 맺힌 땀방울이 장미에서 추출한 향수나 사향, 그리고 아침 이슬처럼 싱그럽고 향긋하며 진주 목걸이처럼 아름답게 보인다고 감각적으로 찬양하고 있다. 그러나 자신의 경쟁자로 추정되는 남자의 애인의 몸은 그로테스크한 것으로 대비시키면서, 그녀의 이마에 맺힌 땀에 대해서는 "더러운 땀의 거품이 그대 애인의 이마를 더럽힌다"(Rank sweaty froth thy mistress' brow defiles; 7)고 하며 이를 월경 때

흘러내리는 액이나 정액, 찌꺼기, 사마귀, 혹은 부스럼같이 혐오스러운 것들을 들어서 비교하고 있다.

다음에는 두 여인의 머리를 비교하고 있는데, 자기 애인의 머리는 둥글어서 완벽한 조화를 이루며 신이 질투할 정도로 매혹적이라고 한다.

> 그녀의 머리는 이다 산에 떨어진 치명적인 사과나,
> 그것에 매혹됨으로써 신이 그토록 질투를 느껴서
> 결국 우리가 죽게 된 사과처럼
> 사방에서 보아도 지구처럼 둥글다.

> Round as the world's her head, on every side,
> Like to the fatal ball which fell on Ide,
> Or that whereof God had such jealousy,
> As for the ravishing thereof we die. (15-18)

반면 상대방 애인의 머리는 납작하고 거칠게 조각한 것처럼 흉하다고 말한다(19-22). 그러나 여기서 우리가 주목할 점은 못생긴 여성만 죽음을 연상시키는 것이 아니라, 트로이 전쟁의 원인이 된 사과나 이브의 사과를 통해 미인도 죽음과 관련되어 묘사되고 있다는 것이다. 이렇게 함으로써 여성의 아름다움에 대한 이상화된 페트라르카식의 묘사는 점차적으로 기괴하게 일그러지고, 아름다움과 추함에 대한 비교가 아니라 아름다움에 대한 환상과 외양 이면의 추함과 더러움, 질병과 죽음을 암시하고 있는 것이다. 이어서 화자는 자기 애인의 가슴은 사이키(Psyche)가 프로세피나(Proserpine)에게서 받은 상자나 제우스(Jove)의 항아리와 같으나, 다른 여인의 가슴은 벌레 먹은 나무 등걸 같고 냄새나는 무덤과 같다고 비교한다(23-26). 자기 애인의 가는 팔과 손에 비해 거칠고 거무튀튀한 다른 여인의 피부와 짧고 통풍에 걸린 듯이 부은 손가락도 지나치게 과장되고 농담하듯이 모욕적인 표현을 동원하여 극단적으로 대조시키고 있다(27-34).

이처럼 여성의 몸을 해부하듯이 이마에서부터 머리와 얼굴을 묘사하는 데서 시작하여 가슴으로, 팔로, 피부로, 손으로 초점이 옮아가다가 이제 두 여인의 성기를 대조하며 묘사하기에 이른다.

그리고는 일정하게 뜨거운 연금술사의 남성적인 불같아,
증류기의 따뜻한 자궁에서 땅의 쓸모없는 흙 속으로
황금의 영혼을 불어넣네,
그런 소중한 열을 그녀의 가장 사랑 받는 부분이 지니고 있다오.
그대의 것은 발사한 총의 무서운 총구나
진흙 틀 속으로 막 부어지는 뜨거운 액체 금속 같고
주변의 풀이 불타 없어져 버린
에크나 화산 같다네.

Then like the chemic's masculine equal fire,
Which in the limbeck's warm womb doth inspire
Into th' earth's worthless dirt a soul of gold,
Such cherishing heat her best loved part doth hold.
Thine's like the dread mouth of a fired gun,
Or like hot liquid metals newly run
Into clay moulds, or like to that Etna
Where round about the grass is burnt away. (35-42)

자기 애인의 "가장 사랑 받는 부분"인 성기는 연금술사가 하찮은 금속을 황금으로 변화시키는 증류기처럼 성적 만족을 통해 굉장하고 위대한 일이 일어나는 사랑스럽고 신비한 장소라고 극찬한다. 캐리가 말한 바와 같이 여기서 던은 애인의 "따뜻한 자궁"을 실험실의 장비이면서 동시에 소중한 사랑의 보금자리인 것처럼 묘사하고 있다(Carey 159). 이와 대조적으로 다른 여인의 성기는 "무서운 총구"나 주변에 나 있는 풀을 다 태워 버리는 "화산" 같아서 상대방을 파멸시키는 대상으로 묘사되고 있다. 그러므로 이러한 혐오스러운 여성과 키스할 경우, "당신의 키스는 그렇다면 벌레가 독 있는 상처를 빠는 것처럼 / 더럽거나 그보다 더하지 않나요?"(Are not your kisses then as filthy, and more, / As a worm sucking an envenomed sore?; 43-44)라고 묻고 있다. 여성의 몸을 병들고 불결하고 오염된 것으로 정떨어지게 묘사함으로써 기존의 이상화된 여성상을 전복시키고 있으며, 경쟁자와 그의 애인이 나누는 성관계 역시 "거칠고"(harsh) "폭력적이며"(violent) 병든 것처럼 묘사하고 있다(47). 사랑의 행위를 쟁기질에, 그리고 여성을 흙에 비유하면서 이들의 성관계를 부드럽고 섬세한 과정이 아니라 "돌투성이 땅을 쟁기질 할 때처럼"(As when a plough a stony ground doth rent?; 48) 부자연스럽고 정신이 나간 행위로 표현하고 있다. 따라서 시의 결말 부분에서 화자가 "그녀를 떠나오, 그러면 나도 이렇게 비교하는 것을 그만둘 테요, / 그녀, 그리고 비교는 불쾌하오."(Leave her, and I will leave comparing thus, / She, and comparisons are odious; 53-54)라고 말할 때, 그가 비교하는 행위도 그만두고 못생긴 애인뿐만 아니라 모든 여성을 단념하고 있는 것이 아닌가 하고 여겨질 정도이다. 그렇다면 귀보리의 주장처럼 여기 묘사된 두 여성은 각기 다른 여성이 아니라 두 가지 방식으로 바라본 동일한 여성일 수도 있다는 해석이 가능하다(Guibbory, *Elegies* 817). 던은 처음부터 끝까지 듣기 거북하고 불쾌한 애인들 사이의 비교를 계속 해왔는데 이를 통해 여성을 이상화하여 품어 왔던 남성의 소망이 덧없음과 이 땅의 모든 것들이 무상하고 변하기 쉽다는 진실을 파헤치는 한편, 사랑을 오물이나 두려움, 질병, 그리고 폭력과 같은 것으로 그리고 있다. 시 전체에 걸쳐 여성 혐오적인 감정이 두드러지게 드러나고 있기 때문에 이제 더 이상 여성을 숭배하거나 존경하는 것은 어렵게 된 듯이 보인다. 이처럼 던은 여성에 대한 이상화를 해체시킴으로써 남성과 여성 사이의 관계를 재구축하려고 시도하고 있으며, 시가 전개되면서 화자는 점점 자기 애인이 완벽하다는 환상으로부터 깨어나고 있다는 느낌이 강하게 든다.

■ 던은 『엘레지』를 포함한 자신의 시가 생전에 출판되는 것을 원하지 않았을 뿐만 아니라 만년에는 이들 시를 쓴 것조차 후회했다고 전해진다. 1633년에 시집이 처음 출간되었을 때 5편의 엘레지를 포함해서 많은 시들이 출판 허가를 받지 못했다. 그 이유는 단순히 이들 시가 지닌 지나치게 성애적인 경향 때문만은 아닐 것이다. 던의 엘레지는 엘리자베스 여왕이 통치하던 시기뿐만 아니라 그가 마침내 교회에서 높은 성직에 오른 제임스 1세와 찰스 1세가 다스리던 시기에조차도 상당히 위험한 작품으로 간주되었던 것 같다.

던은 엘리자베스 시대에 유행한 기사도적인 사랑시를 쓰지 않고 항상 자신만의 독특하고 거친 목소리를 지니고 있었다. 그의 많은 연애시들이 유혹과 성에 관한 것이지만 의외로 관능적인 이미지나 육체에 대한 묘사는 찾아보기 힘든다. 이는 그의 시들이 단순히 유혹을 다루고 있는 것이 아니라 이를 넘어선 더 큰 다른 목적, 즉 독자들의 생각을 재검토하도록 요구하는 대담하고 독창적인 수준으로 시인 자신의 생각을 발전시킬 목적으로 씌어졌음을 의미하는 것이기도 하다(최재헌, 여성의 목소리 308). 그러나 1590년대 당시 던이 엘리자베스 여왕 시대에 궁정 이데올로기의 핵심적인 부분이었던 궁정식 사랑의 전통을 거부하고, 이를 노래하는 소네트 양식 대신 남성 화자의 힘과 지배를 강조하고 여성 혐오적 경향이 두드러진 풍자시와 엘레지를 통해 궁정식 사랑의 전통을 전복시킨 행위는 다분히 정치적 함의를 지닌 것으로 생각될 여지가 있었다. 즉 페트라르카적 전통을 반대하고 여성을 비하하면서 여성에 의한 지배를 전복시키고 남성의 주권을 회복하려는 욕망을 드러내는 이들 시는 여성 군주에 의해 지배되는 정치구조에 대한 불편한 심기가 반영된 것으로 볼 수 있으며, 나아가 이러한 상황을 전복시켜 남성의 우월성과 지배를 주장하려는 반동적인 성향을 지니고 있다고 할 수 있다.

정숙하고 도달하기 힘든 높은 신분의 여성을 흠모하면서 복종하고 충성을 다하는 남성 구혼자의 상황을 다루고 있는 궁정식 사랑시의 전통은 엘리자베스 여왕과 그의 총애와 환심을 사려고 했던 야심찬 궁정인들 사이의 복잡한 관계에 그대로 맞아떨어진다. 이러한 맥락에서 우리는 던이 자신의 시에서 이들 전통을 배격하고 조롱한 숨은 의도를 간과하지 않아야 한다. 나아가 던이 풍자시와 엘레지라는 장르를 선택한 이면에 깔려 있는 반체제적인 성향은 1590년대에 던이 에섹스(Essex)를 따라 1596년과 1597년 두 차례에 걸쳐 스페인 정복에 나선 에섹스 서클과 관련지어 볼 수 있을 것이다. 에섹스는 바로 1590년대 내내 여성 군주를 섬기기를 싫어하여 여왕과 권력 투쟁을 벌이다가 결국 1601년에 반역죄로 처형당한 인물이다. 당시 사적으로 돌려 읽히던 던의 『엘레지』에는 바로 이와 관련한 정서가 암암리에 흐르고 있음에 주목할 필요가 있다. 즉 이들 시에는 에섹스와 그의 일파들이 표명하였던 여성의 통치와 지배에 대한 태도가 담겨 있는 것이다. 반 페트라르카주의와 젠더 관계에 대한 재고라는 던 시 전체의 틀은 여성 군주가 지배하는 정치적 구조에 대한 불편한 감정과 이를 거부하고자 하는 의지를 반영하고 있다. 이렇게 해서 남녀 사이의 은밀하고 사적인 관계와 정치 체제의 권력 구조는 서로를 반영하면서 강화해 준다. 만일 사적인 세계와 공적인 세계가 이처럼 밀접하게 관련을 맺고 있다면, 사적인 영역에서 일어나는 관계의 변화는 아마도 정치의 세계에서도 상응하는 변화를 일으킬 것으로 추정할 수 있다.

페트라르카의 전통을 패러디하고, 여성을 비하하고, 여성의 통치와 지배를 전복시키고, 거듭해서 남성의 주권을 강조하는 던의 시적 경향은 여성이 통치하던 당시 영국의 역사적 상황의 산물 내지는 그에 대한 반동의 결과라고 할 수 있을 것이다. 나아가 시인은 이러한 긴장을 통해 남성의 우월성과 지배권을 강하게 주장하면서 상대적으로 여성의 제멋대로 구는 성향과 남성의 지배를 벗어나고자 하는 속성 등을 부각시키고 있다. 이처럼 던의 많은 시들은 사랑에 있어서 여성의 우위를 공격하거나 거부하고 있으며 남성의 지배를 회복하려는 시도를 보여주고 있다. 이들은 외견상으로는 사랑을 노래하면서 동시에 암암리에 정치적인 성격을 띠고 있는 것으로 해석할 수 있다. 던은 안정되고 영원한 위계질서라고 여겨지던 가부장제가 위협을 받는 당시의 정치적 상황에서 젠더와 성의 구별이 무너져 내리는 것 같은 당혹감을 느낀 것으로 보인다. 이는 그가 호색적이고 반역적이며 공격적인 여성뿐만 아니라 유약하고 여성적인 남성도 공격한 것을 보아 알 수 있다. 던의 엘레지는 사적인 인간관계와 정치적인 인간관계 사이의 밀접한 연관성을 제시하면서 전통적인 성 역할과 질서가 흔들리고 전도되는 상황 속에서 시인이 느낀 갈등과 위기의식을 탁월하게 형상화해 내고 있는 것이다.

성 역할과 성 정체성: 「엘레지 1」, 「엘레지 3」, 「엘레지 4」, 「엘레지 7」

■ 지난 몇 세기 동안 존 던의 『엘레지』를 읽는 독자들은 그가 여성을 다룬 방식에서 당혹감과 불편함을 느껴 왔다. 던의 엘레지는 보다 많은 자유와 존중을 요구하는 17세기 영국의 여성들과, 반면에 자신들의 기득권과 남성의 정체성을 상실할까 염려하는 남성들의 성적·사회적 불안감을 반영하고 있다. 이 당시 영국에서는 경제적·문화적 요인들과 맞물려 변하고 있

던 성 역할에 대한 논쟁과 재평가가 일어나고 있었다. 남성들은 전통적으로 여성 위에 군림하였던 자신들의 지위를 잃어버리는 데 대해 두려움을 느끼면서 변하는 성 역할이 가정과 사회의 해체를 초래할까 걱정하였던 것이다.

베넷(Diana Benet)이라는 비평가가 파악한 것처럼 던의 엘레지 대부분은 마음속 감정의 세계보다는 사회적인 관계의 상호작용이라는 외부 세계에 더 큰 관심을 두고 있다. 또한 던은 남성과 여성의 본성을 각각으로, 혹은 다양한 사회적·가족적 관계 속에서 함께 탐구하고 있다(14-15). 그의 『엘레지』는 남녀 간의 성적인 문제를 다루고 있지만 일반적인 의미의 연애시라고는 할 수 없다. 왜냐하면 이들 시가 어떤 특정한 관계나 연애 감정에 초점을 맞추고 있지 않고 있기 때문이다. 예를 들어 「엘레지 1: 질투」("Jealousy")는 의심 많은 남편의 눈을 속이는 데 집중하고 있고, 「엘레지 2: 철자 바꾸기」("The Anagram")와 「엘레지 8: 비교」("The Comparison")는 못생긴 여성에 대한 과장된 묘사를 담고 있다. 「엘레지 3: 변화」("The Change")는 주로 여성의 변덕스러움과 부정을, 「엘레지 4: 향수」("The Perfume")는 부모가 딸을 감시하는 데 대한 불평을 다루고 있다. 이렇게 볼 때 대부분의 엘레지는 특정한 개인의 사랑을 다루고 있다기보다는 베넷이 말한 바와 같이 남성과 여성의 본성과 역할에 관한 시이면서 양성 간의 가족관계나 사회적 관계를 다루고 있다고 하겠다(Benet 19). 특이한 것은 던의 엘레지에는 남성 같은 여성과 여성 같은 남성이 많이 등장하여 전통적인 성의 구분을 허물어뜨림으로써 성 정체성을 유동적으로 다루고 있다는 점이다. 던은 이러한 현상을 기존의 가치관이 흔들리고 사회가 불안정해지는 조짐으로 보는 한편, 정체되고 구속적인 사회적 조건에 저항하는 매력적이고 활기찬 현상으로 보는 듯하다.

여성들이 어느 정도 경제적·사회적 자유를 획득하게 됨으로써 전통적인 젠더의 구별이 희미해지거나 무너지게 되고, 이는 사회의 붕괴와 성적 혼란을 야기할 수 있다는 두려움을 불러일으키게 된다. 따라서 이 시기의 소설과 설교, 팸플릿, 시, 연극, 수필 등에서는 여성의 본성이 어떠하며, 남성과 여성을 구별 짓는 진정한 차이는 어디에 있는가 하는 근본적인 질문들을 많이 다루고 있다. 이러한 물음에서 생겨나는 주제는 일반적으로 바로 성 역할의 전도와 관련된다. 즉 남성적인 여성과 여성적인 남성들이 사회적 불안과 혼란을 초래하며, 여러 방식으로 성적 일탈을 보인다는 것이다. 던의 엘레지 시편들도 몇 편을 제외하고는 시대적 이슈였던 여성 문제와 관련된 내용을 다루고 있다. 이 가운데 여덟 편은 여성의 본성을, 그리고 추하게 생긴 여성에 대한 과장된 묘사를 하고 있는 「엘레지 2: 철자 바꾸기」("The Anagram")와 「엘레지 8: 비교」("The Comparison")는 여성의 아름다움에 대한 정의와 가치를 주로 다루고 있다. 이 두 편 중 전자는 아름다움과 추함의 요소들은 동일한 것이며 추함이 보다 바람직하다는 사실을 보여주고 있으며, 후자는 여성의 매력과 혐오스러움은 이들을 바라보는 남성의 시각에 전적으로 달려 있다고 주장하고 있다(최재헌 21). 또한 「엘레지 3: 변화」("The Change")는 여성이 본성적으로 변덕스럽고 부정하다고 주장하며, 「엘레지 7: 자연의 풋내기 바보」("Nature's Lay Idiot")는 여성도 남성만큼이나 교활하고 남을 잘 속여 넘긴다는 사실을 말하고 있다. 또한 「엘레지 18: 사랑의 진행」("Elegy 18: Love's Progress")에서는 여성의 본질을 노골적으로 탐구하면서 사랑의 궁극적인 목표는 여성의 성기라고 말함으로써, 여성의 본질을 성기로 규정짓고 있다. 뿐만 아니라 던은 특이하게 레즈비언의 사랑을 노래하고 있는 「사포가 필레니스에게」("Sappho to Philaenis")에서 성차(sexual difference)에 대한 근본적인 문제를 탐구하고 있다.

여기에서는 던의 엘레지 가운데 전도된 성 역할을 다루고 있는 시들을 여성 문제에 대한 당대의 사회적 이해를 바탕으로 하여 조명하려고 한다. 이들 시에서 여성은 남성보다 더 대담하고 호색적이고 신의가 없는 인물로 묘사되며, 전통적으로 남성들이 지녔던 자질과 행동을 보여주고 있다. 예를 들어 「엘레지 7: 자연의 풋내기 바보」는 자신에게 사랑의 기술을 가르쳐 준 남성을 배반하고 다른 남자와 놀아나기까지 하는 여성에 대해 이 남성이 불평하는 내용을 다루고 있다. 또한 1번과 3번, 4번, 6번 엘레지는 상당히 공격적인 여성을 다루고 있으며, 앞서의 7번 이외에 12번 엘레지도 오쟁이 진 남편이나 속아 넘어가는 아버지, 배신당한 연인 등 더 이상 남성의 지배를 받지 않는 여성의 모습에 초점을 맞추어 이를 부각시키고 있다. 이들 공격적이고 반역적인 여성은 당시 격변하는 사회의 한 단면을 보여주는 특징이라고 할 수 있을 것이다.

■ 그러면 먼저 부자이면서 질투심이 많은 늙은이의 아내인 중산층 여성과 불륜을 저지르는 한 성적 모험가의 이야기를 다룬 「엘레지 1: 질투」부터 읽어 보자. 시의 전반부는 이 여인의 남편이 지금 독으로 배가 부풀어 오르고 피부는 온통 딱지로 덮인 채, 가쁜 숨을 몰아쉬면서 심한 구토와 발작을 일으키며 죽어 가고 있는 상황을 생생하게 묘사하고 있다. 친지들은 몰려와서 거짓 눈물을 흘리며 유산을 물려받기 위해 울부짖고 있는데, 이 노인은 정작 질투가 마음에 독이 되어 자신의 죽음을 재촉하고 있는 실정이다. 임종을 앞둔 자기 남편이 질투가 심하다고 불평하며 속히 죽기를 바라며 은근히 기뻐하고 있는 이 여인을 그녀의 애인인 화자는 "다정한 여인"(Fond woman, 1)이라고 냉소적인 어투로 부르고 있다. 이전 시대의 아내들은 남편에 대해 드러내 놓고 악담하지도 않고 쉽게 자신의 몸을 다른 남자에게 허락함으로써 남편을 배반하지도 않았지만, 「엘레지 1」은 스미스(A. J. Smith)가 말한 것처럼 이러한 행실이 이제 일상적인 풍조가 되어 버렸다는 사실을 넌지시 보여주고 있다(97).

화자는 자신의 정부에게 죽음을 앞둔 그녀의 남편이 질투심에 가득한 의심의 눈으로 자신들을 주시하고 있다는 사실을 환기시킨다. 그러니 자신들이 지금까지 해왔던 식으로 그를 조롱하며 추하다고 노골적으로 비웃거나, 식탁에서 밀어를 나누고 서로 애무하거나, 음흉한 눈길로 보아서도 안 된다고 주의를 준다. 더욱이 그의 침대에서 사랑을 나누거나 그의 집안에서 키스하고 놀아나서도 안 된다고 경고한다(17-24행). 「엘레지 1」의 결말 부분은 아내에게 속아 넘어가는 남편을 왕이나 귀족, 주교, 런던 시장, 그리고 교황에 차례로 비교함으로써 능란한 모반자에 의해 농락당하는 당대의 권세자들을 풍자하고 있다. 이는 사적인 영역과 공적인 영역의 질서가 이들 경계를 넘어서는 여성들의 행위에 의해 위협받고 있음을 의미하는 것이다.

이제 나는 많은 위험을 본다오. 왜냐면 그 집은
그의 영역이며, 그의 성이며 그의 교구이기 때문이오.
그러나 자기 군주를 욕하거나, 그의 금화를 위조하려는
시기하는 사람들이 다른 나라로 망명하여
거기서 그것을 하듯이
우리도 다른 집에서 즐긴다면 두려워할 이유가 어디 있겠소?
거기서 우리는 그의 방책과
어리석은 계략과 고용된 밀정들을 비웃을 것이오.
템스 강 오른편의 거주자들이
런던 시장을 비웃거나, 독일인들이 교황의 자존심을 비웃듯이.

Now I see many dangers; for that is
His realm, his castle, and his diocese.
But if, as envious men, which would revile
Their prince, or coin his gold, themselves exile
Into another country, and do it there,

We play in another house, what should we fear?
There we will scorn his household policies,
His silly plots, and pensionary spies,
As the inhabitants of Thames' right side
Do London's Mayor; or Germans, the Pope's pride. (25-34)

"템스 강 오른편"은 런던 시장의 통치권이 미치지 못하는 혼란한 지역이었던 사우스워크(Southwark)를 지칭하는데, 이곳은 유곽이나 매어 놓은 곰에게 개가 덤비게 하는 놀이나 극장 등 저급한 쾌락의 온상으로 여겨진 곳이었다. 그리고 독일은 루터(Luther)의 시대부터 교황에게 저항하며 반대편에 서게 된 대표적인 프로테스탄트 나라였다. 런던 시장을 비웃거나 독일인들이 교황의 자존심을 비웃듯이, 이제 시인은 가정의 안녕과 질서가 무너질 뿐만 아니라 부패와 반역과 배신이 가정을 넘어 도시와 교회와 국가라는 보다 넓은 바깥 세계에까지도 확장되어 만연하고 있음을 보여주고 있다. 이와 관련하여 도처티(Thomas Docherty)는 「엘레지 1」이 가정이라는 테두리 밖에서 불륜의 관계를 유지하는 방법을 발견한 것을 노래하며, 근본적으로 집안의 여성을 포함한 남성의 재산에 대한 소유권 문제를 다루고 있다는 흥미로운 주장을 펴고 있다. 그의 말대로 질투심 많은 남편이 아무리 자신의 사적인 공간인 집을 감시하고 통제하려고 해도 배신은 일어날 수 있고, 실제로 일어나고 있음을 텍스트는 말하고 있는 것이다. 그는 여기서 배신과 위선의 형태로 행해지는 여성의 간음이 자기 남편의 재산과 가문의 명예뿐만 아니라, 집안에서의 남성의 권위와 정체성까지도 송두리째 위협하고 있는 것으로 해석한다(Docherty 126-27). 얼핏 보면 사랑과 젊음과 사랑의 유희가 질투와 늙음과 돈에 대해 승리를 거두는 것 같이 보이지만, 이들 시행에서 성(sex)과 돈이 밀접한 관련을 맺고 있음에 주목해야 한다는 마로티의 주장에 우리는 귀 기울일 필요가 있다(Marotti

55). 그의 말대로 이들 젊은 연인들의 성적인 성공은 그들이 원하지만 얻지 못하는 경제적인 힘에 대한 대체물이며, 이들은 던의 연애시에 등장하는 많은 젊은이들처럼 허세를 부리며 권위에 반항하고 있는 것으로 보아야 할 것이다.

「엘레지 3: 변화」도 제목이 암시하듯이 「엘레지 1」과 마찬가지로 부정한 여인의 사생활을 다루고 있다. 이 시는 마치 남녀관계에서 부정함과 변화가 정절보다 나으며, 변화는 자연의 법칙이라며 자유연애를 옹호하는 듯하다. 사랑의 자유를 주창하는 이 여성과 사랑에 빠진 한 남성 화자의 독백 형식으로 되어 있는 시는 따라서 냉소적이면서 환멸에 찬 어조가 지배적이다. 던은 페트라르카풍의 시들이 여성을 고귀하고 숭배 받는 인물로 이상화한 것과 대조적으로, 성적으로 난잡하고 정절을 하찮게 여기며 중요시하지 않는 인물로 여성을 그리고 있다.

그 어떤 것도 풀 수 없는 당신의 사랑을
그대의 손과 믿음과 선행이 봉인했다 하더라도,
실로 그대가 뒤로 드러눕고 그 배교가
그대 사랑을 확인해 주어도, 그만큼 더 나는 그대를 두려워하오.
여성들은 예술과 같아, 아무에게도 강제로 속하지 않고
찾는 모든 이에게 열려 있으나, 미지의 상태에선 그 가치를 알 수 없지.
만일 내가 새 한 마리를 잡았다가 날려 보낸다면
다른 새잡이도 내가 한 방법을 그대로 써서
그 새를 다시 잡을 수도 있소. 이 새들과 마찬가지로
여자들도 그나 나를 위해서가 아니라 남자들을 위해서 만들어졌지.
여우와 염소, 모든 짐승들이 제 좋을 대로 변하는데
이들보다 더 뜨겁고 교활하고 야성적인 여인들이
한 남자에게 매여 있을까?

Although thy hand and faith, and good works too,
Have sealed thy love which nothing should undo,
Yea though thou fall back, that apostasy
Confirm thy love; yet much, much I fear thee.
Women are like the arts, forced unto none,
Open to all searchers, unprized, if unknown.
If I have caught a bird, and let him fly,
Another fowler using these means, as I,
May catch the same bird; and, as these things be,
Women are made for men, not him, nor me.
Foxes and goats, all beasts change when they please,
Shall women, more hot, wily, wild than these,
Be bound to one man. (1-13)

시작 부분에서부터 여성에 대한 화자의 의심이 강하게 드러나 있으며, 곧이어 여성과 예술 사이의 관계에 대한 탐구를 시작하고 있다. 손과 믿음과 선행은 종교적인 헌신의 증거들이지만 여기서는 "손"이 애무의 수단으로, "믿음"은 변치 않겠다는 사랑의 맹세로, "선행"은 사랑을 확인하는 성적인 행위를 연상시킨다. 즉 캐리(John Carey)가 말했듯이 "믿음"과 "선행"은 구원을 받는 조건에 대한 프로테스탄트와 가톨릭 교도 사이의 논쟁의 중심이 되는 부분이지만, 여기서는 세속적인 믿음과 성적인 행위를 각각 의미하고 있는 것이다. 그리고 참된 믿음에서 벗어나 타락하는 "배교"도 여기서는 이 여성이 말 그대로 뒤로 드러눕는(fall back) 것을 의미하면서 성행위 때 상대에게 자신의 몸을 허락한다는 사랑의 표현으로 그려지고 있다. 따라서 그녀의 배교는 그녀의 사랑이 그만큼 믿을 만하다는 것을 입증하는 것이라고 할 수 있다(Carey 24-25).

이어서 화자는 여성들이 누구나 감상하고 즐길 수 있는 예술과 마찬가지로 어느 한 남성에게 억지로 속해질 수 없으며, 원하는 누구든지 즐거움을 누릴 수 있는 존재라고 주장한다. 이는 마치 자신이 잡았다가 놓아 버린 새를 다른 남자가 똑같이 잡을 수 있는 것과 마찬가지라는 것이다. 그렇다면 여성은 한 남자만을 위한 소유물이 아니라 만인을 위한 공공의 자산이 되는 셈이다. 한 걸음 더 나아가 화자는 여우나 염소 같은 짐승들도 제 좋을 대로 파트너를 바꾸는데, 이들보다 더 성적으로 뜨겁고 교활한 여성들이 한 남자에게 묶여 있겠는가라고 묻는다. 즉 여성은 천성적으로 욕정적이고 난잡하며, 이런 성적 자유분방함은 자연이 여성들에게 준 속성이기 때문에 당연한 것으로 받아들여져야 한다고 말하고 있는 듯하다. 여성을 유혹하는 데 성공한 것 같았던 남성 화자의 우월적 지위는 예술과 자연을 언급하는 이 지점에서 완전히 뒤집어지고 있다. 비록 지금 그가 이 여성의 마음을 사로잡게 되었다 하더라도 그녀의 마음은 모든 남성에게 열려 있고 자신의 욕망을 채우려고 하는 것이 그녀의 본성이다. 그러므로 화자는 언젠가 배신을 당할지도 모른다는 불안감과 두려움에 사로잡혀 있다. 여성 앞에서 힘 있는 존재로 보였던 남성 화자는 여성의 욕망의 대상에 불과한 무력한 존재로 전락하고, 여성은 강력한 힘을 소유하게 되는 역전이 일어나고 있다. 그러기에 화자는 여성이 자신에게 몸과 마음을 열고 "그대 사랑을 확인해 주어도", 그녀가 원래 헤픈 여자여서 곧 배신하지나 않을까 하는 마음에 "그만큼 더 나는 그대를 두려워하오"라고 말하고 있는 것이다.

이러한 상황은 "만일 한 남자가 갤리선에 사슬로 묶여 있다고 해도 그 갤리선은 자유롭다"(if a man be / Chained to a galley, yet the galley is free; 15-16)는 비유를 통해 한층 분명해진다. 즉 여성은 노예선에, 그리고 남성은 이 배에서 사슬에 묶인 채 노를 젓고 있는 노예에 비유되고 있다. 그렇다면 여성은 자유롭게 바다를 항해할 수 있으나 남성은 그 여성에게 속박되어 벗어날 수 없는 처지인 것이다. 이는 여성들이 지금까지의 관습과 전통에 구애받지 않고 성적인 자유로움을 만끽하는 반면, 남성들은 오히려 여성들에게 구속받고 있다는 당대의 변화된 상황을 아이러니하게 표현하고 있다고 하겠다. 이어지는 구절은 남성과 여성의 변화된 성적 역할과 상황을 보다 실감나게 전달하고 있다.

경작지가 있는 자는 모든 곡물 씨앗을 거기 뿌리지만
뿌린 씨앗 이외의 곡물이 열려도 상관하지 않지.
다뉴브 강은 바다로 흘러가야 하지만
바다는 라인 강도, 볼가 강도, 포 강도 받아들인다네.
자연이 내려준 이 자유를
그대는 사랑하네. 그러나 아! 자유와 나를 그댄 사랑할 수 있을까?

Who hath a plough-land, casts all his seed corn there,
And yet allows his ground more corn should bear;
Though Danuby into the sea must flow,
The sea receives the Rhine, Volga, and Po.
By nature, which gave it, this liberty
Thou lov'st, but Oh! canst thou love it and me? (17-22)

마치 농부가 자신이 뿌린 씨앗 외에 바람에 날아오거나 새들에 의해 날아온 씨에서 싹튼 곡물이 밭에서 수확이 되더라도 개의치 않듯이, 또한 바다가 하나의 강만이 아니라 여러 강물을 다 받아 주듯이, 남성은 아내의 자유분방한 생활의 결과로 자기 자식이 아닌 다른 남자의 자식이 태어나더라도 이를 받아들여야 한다고 주장하는 듯하다. 즉 여성들은 한 남자로 만족하지 못하고 다른 남자와의 사이에서 자식을 낳을 수도 있으니 남편들은 체념하고 이러한 부정과 변심을 자연스러운 것으로 용납해야 한다는 말이다. 귀보리는 여성을 땅이나 물에 비교하는 이러한 전통적인 비유는 경계나 한계를 거부하는 여성의 본질적인 개방성을 표현하고 있으며, 모든 것을 받아들이는 여성의 몸이 지닌 '수용성'(receptiveness)으로 인해 여성은 한 남자에게 충실하지 못하고 흘러드는 강줄기처럼 그녀에게 오는 모든 남성들을 받아들이는 것으로 흥미롭게 해석하고 있다(Guibbory 823-24). 이러한 구절은 견고한 가부장제의 틀을 허물어뜨리면서 남성을 한없이 나약하고 미미한 존재로 전락시키고 만다. 이제 화자는 여성에게 성적 자유를 부여한 자연을 원망하는 어투로, 여성이 자신의 성적 자유를 마음껏 즐기면서 동시에 나를 사랑할 수 있겠는가 하고 혼자말로 묻고 있을 따름이다.

화자는 너무나 답답한 나머지 서로 닮으면 사랑하기도 쉽지 않을까 하는 생각에 그녀처럼 "나도 변해야 하나?"(must I change too?; 24)라며 자문도 해보지만, 이내 "차라리 그녀가 변하도록 내버려 두자"(rather let me / Allow her change; 25-26)고 체념하게 된다. 그는 "한 나라 안에서 사는 건 속박"(To live in one land, is captivity; 29)이며 "한곳에 고여 있으면 물은 쉬 썩기 마련"(Waters stink soon, if in one place they bide; 31)이라며 다음과 같이 시를 마무리 짓고 있다.

> 그러나 강물이 둑에 입 맞추고는 결코 돌아보지 않고
> 이를 떠나 다음 둑에 입 맞출 때
> 그 물이 가장 깨끗하지. 변화란
> 음악과 기쁨, 삶과 영원의 온상이라네.
>
> But when they kiss one bank, and leaving this
> Never look back, but the next bank to kiss,

Then are they purest; change is the nursery
Of music, joy, life and eternity. (33-36)

여성의 부정함과 변심을 비판하는 듯했던 시의 화자가 여기서는 변화야말로 "음악과 기쁨, 삶과 영원의 온상"이라고 여성의 입장에 동조할 뿐만 아니라 찬양하고 있다. 이렇게 볼 때 "변화"라는 시의 제목은 여성에 대해 가부장적 시각이라고 할 수 있는 여성의 불안정성과 가변성을 의미하는 한편, 여성에 대한 화자의 인식 변화를 의미하는 것으로도 이해할 수 있을 것이다. 화자는 물이 한곳에 머물러 있지 않고 자유롭게 흐를 때 가장 맑은 것처럼, 여성도 남성에게 속박되어 지배당하는 수동적 입장에서 주체적으로 생각하고 움직이는 존재가 될 때 가장 고결하다는 역설적인 주장을 펴고 있다. 이러한 주장의 이면에는 정체성을 잃어버린 자아처럼 이 여자에게서 저 여자에게로 떠돌아다니며 성적 쾌락을 추구하고 싶어 하는 그의 욕망이 드러나 있다고 볼 수 있을 것이다. 나아가 그는 자연의 일부분인 인간이 순수해지려면 자연의 속성인 변화를 닮아 인간의 성적인 관계도 끊임없이 변화해야 하며, 그러기에 성적으로 난잡할 때 자신들이 오히려 가장 순수하다고 말하고 있는 것이다. 물론 「엘레지 3」이 존 던 자신의 성 모럴을 보여주거나 그의 경험을 그리고 있다고 단정할 수는 없지만, 르네상스 시대의 자유사상의 큰 흐름을 반영하면서 성적인 부정을 재치있게 정당화하고 있는 것만은 분명하다.

■ 『노래와 소네트』의 연인들은 열정적인 사랑을 하지만 「떠오르는 태양」("The Sun Rising")에서처럼 독립된 사적 세계에서 별 장애 없이 사랑을 나눈다. 그러나 『엘레지』의 경우 연인들은 대체로 적과 위험과 온갖 종류의 장애에 직면해 있다. 그 가운데 「엘레지 4: 향수」는 부모와 함께 살고 있는 아가씨와 화자가 나누는 사랑을 그 내용으로 하고 있는데, 이 점

에 있어서 유부녀나 궁중의 여인들을 주로 다룬 다른 엘레지 시편들과 다르다. 이 시는 무모한 욕망으로 가득 찬 모험가인 화자가 상인으로 추정되는 중류 계층 가문의 아가씨와 벌이는 애정 행각을 다룬 희극적인 이야기이다. 애인의 가족에 대한 화자의 뻔뻔스럽고도 재치 있는 묘사는 노골적이고 생기에 넘쳐서 시인 특유의 유머를 느끼게 한다.

마이너(Earl Miner)가 분석한 것처럼 「엘레지 4」를 크게 두 부분으로 나누어 38행까지는 화자와 애인이 아가씨 부모의 온갖 방해와 감시에도 불구하고 장애를 뛰어넘어 사랑을 이룬 승리에 대해 다루고 있다. 즉 자신들의 은밀한 사랑에 장애가 되는 아버지와 어머니, 그리고 하인에 대해 차례로 언급하면서 이들의 반대를 용하게 극복한 데 대한 만족감을 표현하고 있다. 반면 39행부터는 화자가 자기 몸의 향수 냄새에 의해 자신의 정체가 발각되어 버리는 것을 묘사하면서 완전히 역전되어 버리는 상황을 묘사하고 있다. 마이너의 말처럼 화자는 여자의 가족들의 온갖 반대를 이겨내지만 정작 스스로를 배반하게 된다는 것이 시에서 중심 되는 아이러니라고 할 수 있으며, 따라서 아가씨의 진정한 역할을 파악하는 것이 시를 이해하는 데 매우 중요하다고 하겠다(Miner 228-29). 그러면 시간과 공간을 절묘하게 다루며 재치와 풍자가 넘치는 놀랄 만큼 쾌활한 세계를 창조하고 있는 「엘레지 4」를 읽어 보자.

> 한 번, 단 한 번이라도 그대와 함께 있는 것이 발견되면
> 그대가 범했을지도 모를 모든 탈선을 내게 덮어씌우려하네.
> 법정에 선 도둑이 그 해에 도둑맞은
> 모든 사람들로부터 심문 당하듯이.
> 나 역시, (이렇게 놀랍고도 이율배반적인 방식으로)
> 수종병에 걸린 듯한 그대 아버지에게 심문을 받는다네.

Once, and but once found in thy company,
All thy supposed escapes are laid on me;
And as a thief at bar, is questioned there
By all the men, that have been robbed that year,
So am I, (by this traitorous means surprised)
By thy hydroptic father catechized. (1-6)

지금까지 화자는 끊임없는 감시와 위협에도 불구하고 아가씨 아버지의 눈을 용케 잘 피하면서 은밀하게 부친의 코앞에서 사랑을 속삭여 왔던 것으로 보인다. 그러나 극적독백으로 되어 있는 「엘레지 4」의 첫 6행은 이들 연인이 지금 처해 있는 절망적인 상황을 생생하면서도 간결하게 제시하고 있다. 딸의 행실을 의심하느라 죽지도 않고 오랫동안 자리에 누워 있는 "불멸의 어머니"(immortal mother; 14) 또한 낮에 실컷 자고는 밤새도록 딸을 감시한다.

그대 손을 잡을 때 친절한 듯 보이나
혹 반지나 팔찌를 지니고 있지 않나 찾으며,
입 맞추며 안색을 살피고
배가 불러오지나 않았나 걱정하며 그대를 껴안아 보네.
특별한 걸 먹고 싶어 하지나 않나 보려고 이상한 고기를 들먹거리고
그대의 창백함과 홍조를, 한숨과 땀을 살핀다네.
그래서 교묘하게도 젊은 날 천박한 욕정으로 모친 자신이 지은 죄를
그대가 고백하게 만들려 하네.

And, when she takes thy hand, and would seem kind,
Doth search what rings, and armlets she can find,

And kissing notes the colour of thy face,
And fearing lest thou art swoll'n, doth thee embrace;
To try if thou long, doth name strange meats,
And notes thy paleness, blushing, sighs, and sweats;
And politicly will to thee confess
The sins of her own youth's rank lustiness. (17-24)

딸의 몸에 뭔가 이상한 낌새가 있지나 않나 미심쩍어 하며 세심하게 가만히 살피는 이 모친의 행위가 풍자적이면서도 희극적인 터치로 너무나 사실적이고도 생생하게 묘사되어 있다. 그러나 어린 동생들과 자신들을 감시하는 임무를 띤 하인의 눈까지도 용케 피하며 은밀하게 사랑을 나누던 화자는 아이러니하게도 정작 자신의 향수 냄새 때문에 발각되어 버린다.

내가 들어갈 때 강한 향수 냄새가
그대 아버지의 코에도 나서 우린 발각되었지.
그러자 침대에서 화약 냄새를 맡은
폭군처럼 창백한 그는 몸서리쳤지.
그게 어떤 나쁜 냄새였다면 아마
자기 발이나 숨결에서 그 고약한 냄새가 난다고 생각했을 텐데.

A loud perfume, which at my entrance cried
Even at thy father's nose, so we were spied.
When, like a tyrant king, that in his bed
Smelt gunpowder, the pale wretch shivered.
Had it been some bad smell, he would have thought
That his own feet, or breath, that smell had wrought. (41-46)

바람난 딸을 마음대로 통제하지 못하는 그녀의 아버지는 집안에 향수 냄새가 나자 "침대에서 화약 냄새를 맡은 / 폭군"처럼 얼굴이 창백하게 변하며 몸을 떨었다고 묘사한다. 이는 베넷이 지적한 것처럼 제멋대로 행동하는 여성이 남성의 권위에 의해 대표되는 사회의 질서를 흔든다는 사실을 비유를 통해 강조하고 있다고 할 수 있다(Benet 27).

"비록 네가 왕자의 거처에서 한껏 사랑 받을지 모르지만 / 그곳에서는 겉으로 보이는 것이 실재보다 높이 평가되지"(Though you be much loved in the prince's hall, / There, things that seem, exceed substantial; 63-64)라는 구절은 향수가 사물의 본질을 호도하며 감각에 혼란을 초래한다는 점에 대한 지적과 함께 엘리자베스 시대 궁정문화에 대한 비판을 담고 있다. 사물의 본질과 실재보다는 겉으로 보이는 것을 높이 평가하는 것이 엘리자베스 시대의 일반적인 풍조였으며 이러한 경향은 궁정에서 특히 그러하였다는 사실을 꼬집고 있는 것이다. 이는 이 엘레지가 단순히 남녀 간의 사랑과 그 사랑에 대한 가족들의 반대와 장애를 다루는 것을 넘어 감각적이고 피상적인 것을 중시하는 당시의 가치관과 궁정 문화에 대한 비판을 담고 있음을 시사한다. 이러한 생각은 엘리자베스 여왕이 피부병이 심하여 향수를 즐겨 사용하였다는 사실과, 던이 젊은 날에 자신의 세속적인 성공이 가톨릭 신자라는 이유로 좌절된 데 대한 울분과 여성 군주에 대한 불편한 심기를 고려할 때 상당한 타당성을 지닌다고 볼 수 있다.

■ 던의 많은 엘레지 시편들은 기존에 누려온 가부장적 권위를 가지고 여성을 정복하고 다스리려는 남성과 이에 저항하는 여성 사이의 긴장을 다루고 있다. 「엘레지 7: 자연의 풋내기 바보」 역시 이러한 긴장을 보여주면서, 자신에게 사랑의 기술을 가르쳐 준 남성을 배반하고 다른 남자와 놀아나기까지 하는 여성에 대해 이 남성이 화가 나서 경멸어린 어조로 불평하는 극적독백 형식을 취하고 있다.

자연의 풋내기 바보여, 내가 그대에게 사랑을 가르쳤는데,
아, 그대는 그 능란한 기술에 너무나 교활함을
입증해 보이는구나. 바보, 그대는 눈이나 손의
신비한 언어를 이해하지 못했고,
이건 거짓이고 이건 절망의 소리라며
한숨의 차이를 판단하지도 못했지.
눈물로 미루어 그 병이
불타는 열정인지 지나가는 열병인지도 분간 못 했지.

Nature's lay idiot, I taught thee to love,
And in that sophistry, oh, thou dost prove
Too subtle: Fool, thou didst not understand
The mystic language of the eye nor hand:
Nor couldst thou judge the difference of the air
Of sighs, and say, this lies, this sounds despair:
Nor by the'eye's water call a malady
Desperately hot, or changing feverously. (1-8)

"자연의 풋내기 바보"라고 한 것은 애인이 사랑의 경험에 무지하다는 사실을 경멸조로 표현함과 동시에, "풋내기"(lay)라는 단어를 사용함으로써 그녀가 성적 사랑의 신비를 종교적 신비에 견주면서 성직자와 달리 이에 대해 무지한 평민이라는 사실을 말하고 있다. 이 여성이 남녀 간의 성적인 경험에 대해 알지 못하였다는 사실은 "lay"라는 단어가 성적 경험이 없는 애인을 뜻하는 펀(pun)으로 사용된 것을 보아서도 분명해 보인다. 그러나 만약 뷸러(Lois Bueler)가 주장한 바와 같이 "자연의 풋내기 바보"라는 말이 화자가 자신에게 한 것일 수도 있다고 가정하면 처음부터 시 읽기

가 한층 복잡한 양상을 띠게 된다(Bueler 72-73).

화자는 본인이 가르쳐 주기 전에 그녀가 무능했던 부분들을 열거하면서 은근히 즐거움을 느끼는 것 같다. 그는 상대방의 진의를 전혀 구별하지 못하고 사랑에 문외한이었던 그녀에게 한숨의 차이를 알아차리는 법이나 사랑의 병을 진단하는 방법 등을 가르쳤으나, 정작 자신은 훌륭한 판단을 하지 못했음을 보여준다. 화자는 꽃을 부케로 엮어 사랑의 메시지를 전달하듯이 사랑에 무지했던 애인에게 사랑할 때 속삭이는 언어의 기술을 가르쳐 주었다(9-12). 뿐만 아니라 그는 유혹하며 접근하는 남자들에게 쉽게 넘어가던 그녀에게 이런 작자들에게 어떻게 대처해야 하는지도 알려 주었다고 한다(13-14). 그는 자신을 만나기 전에 이 여성이 얼마나 무지하고 말도 잘 하지 못했는지에 대해 "한 시간 동안 대화를 나눠도 한 가지 대답도 못하고 / 기껏 하는 말이 띄엄띄엄 속담으로 형편없이 말하거나 / 앞뒤가 맞지 않는 상투적인 말이나 읊어대던"(an hour's discourse could scarce have made / One answer in thee, and that ill arrayed / In broken proverbs, and torn sentences; 17-19) 여자라고 말하고 있다. 이처럼 화자가 사랑의 기술을 가르치고 훈련시키기 전에 이 여성은 성적 쾌락에 대해 무지하였을 뿐 아니라 판단력이나 분별력도 없는 둔한 여자였는데, 이제는 교만해져서 더 이상 그를 상대해 주지 않고 다른 남자와 놀아나며 화자를 배신하고 있다.

이러한 상황에 대해 화자는 사랑의 씨를 뿌린 자신이 그 사랑의 열매를 거둬야 하는 것이 마땅하다며, 그 여인이 누구의 아내이든 간에 자신의 여자가 되어야 한다고 강변한다. 즉, 화자는 자신이 사랑의 기술을 가르쳐서 완전히 새로운 여성으로 창조했기 때문에 그녀는 남편에게 속할 것이 아니라 자신의 여자가 되어야 마땅하다는 것이다.

그대는 많은 의무를 행한다고 그의 것이 되는 것이 아니오,

그는 세상의 공유지로부터 단절시켜
그대를 감추고 보이지도 볼 수도 없게 하였지.
그댄 내가 사랑의 진미를 가지고
축복의 낙원으로 다듬어 놓았으니 내 것이오.
그대의 우아함과 훌륭한 말은 나의 창조물이야.
나는 그대 안에 지식과 생명의 나무를 심었지,
그걸 아, 낯선 놈들이 맛본단 말인가? 이런, 내가
금은 잔과 그릇을 만들어 광택을 내놓고는 정작 유리잔으로 마셔야 하나?
다른 사람이 도장을 찍도록 밀랍을 덥혀야 하나? 펄펄 뛰는 망아지를 길들여서
다른 사람이 탈 수 있는 말로 만들어 놓고는 난 떠나야 하나?

Thou art not by so many duties his,
That from the world's common having severed thee,
Inlaid thee, neither to be seen, nor see,
As mine: who have with amorous delicacies
Refined thee into a blissful paradise.
Thy graces and good works my creatures be;
I planted knowledge and life's tree in thee,
Which oh, shall strangers taste? Must I alas
Frame and enamel plate, and drink in glass?
Chafe wax for others' seals? break a colt's force
And leave him then, being made a ready horse? (20-30)

화자는 "severed"나 "Inlaid", "Refined", "planted"같이 농사와 관련된 단어들을 통해 땅과 같은 이 여인에 대한 소유권을 강조하고 있다. 그녀를 누구나 갈고 씨를 뿌릴 수 있는 "공유지"에 비유한 것은 그녀가 성적으로

누구와도 관계를 가진다는 의미를 함축하고 있다. 화자는 이 여인이 대충 울타리만 쳐서 소유권을 주장하고 있는 남편의 여자가 아니라, "내가 사랑의 진미를 가지고 / 축복의 낙원으로 다듬어 놓았으니 내 것이오"라고 주장하고 있다. 자신은 그녀를 온갖 기이하고 오묘한 사랑의 즐거움으로 다듬어 성적으로 "축복의 낙원"으로 만든 점에서 마치 낙원을 창조한 신과 같다는 것이다. 여기서 "다듬어"(Refined)라는 표현은 연금술에서 따온 이미지로 어떤 사물을 정제하고 속성을 변형시켜 완전히 새로운 것으로 만들었다는 의미도 함축하고 있다. 계속해서 "그대의 우아함과 훌륭한 말은 나의 창조물이야. / 나는 그대 안에 지식과 생명의 나무를 심었지"라고 말한다. 종교적인 용어인 "우아함과 훌륭한 말"이 여기서는 성적인 매력과 성적 환심을 사기 위해 늘어놓는 번지르르한 말이라는 뜻으로 사용되고 있다. 던은 성행위를 선과 악에 대한 지식과 같은 것으로 보고, 이를 "나무를 심었지"라는 성적 이미지를 사용하여 표현하고 있다. 신이 에덴동산에 선과 악을 알게 하는 지식의 나무와 생명의 나무를 심은 것처럼 화자는 자신이 그녀에게 성(性)과 악에 대한 지식을 가르쳐 주고 새로운 쾌락의 삶을 맛보게 하여 그녀를 완전히 새로운 여자로 창조하였다고 말하고 있는 것이다. 그러나 그는 자신과 즐기기 위해 그녀에게 공들여 성적인 기술에 눈뜨게 해놓았더니 "그걸 아, 낯선 놈들이 맛본단 말인가?"라며 그 나무의 열매를 엉뚱한 남자들이 맛보는 것에 분해한다. 이제 성적인 쾌락에 눈을 뜬 이 여인은 남편도 화자인 정부도 배반하고 다른 남성들과 놀아나고 있다는 상황이 참으로 아이러니하다.

아무것도 모르는 여성을 교육하여 세련되게 만든 것을 그릇을 만들어 광택을 내거나 망아지를 길들이는 일에 비유함으로써 화자는 남녀 간의 사랑의 세계에서 금속과 동물의 세계로 옮아가고 있다. 그릇은 앞으로 어떤 음식도 담을 수 있기 때문에 여성을 그릇으로 묘사한 이 메타포 역시 남성 화자의 통제와 지배권에 대한 여성의 저항을 은연중에 내포하고 있다고 볼 수 있다. 시의 결말 부분인 "다른 사람이 도장을 찍도록 밀랍을 덥혀야 하나? 펄펄뛰는 망아지를 길들여서 / 다른 사람이 탈 수 있는 말로 만들어 놓고는 난 떠나야 하나?"에 사용된 "Chafe"나 "seals", "colt's force", "horse" 등은 모두 강한 성적 함의를 지닌 말들이다. "chafe"는 데우거나 문지른다는 뜻으로 결국 화자는 다른 남자가 성적 쾌감을 맛보도록 그녀의 몸과 접촉하여 성적으로 흥분시켜 놓았다는 의미가 된다. 그는 "펄펄뛰는 망아지"와 같은 자연의 힘까지도 통제하고 조절할 수 있는 능력이 있는 줄 알았으나 공들여 놓은 애인이 배반하고 떠남으로써 자신의 교육이 실패한 것으로 판명된다. 화자는 애인이 자신에게 그러했던 것처럼 다른 남자들에게도 "축복의 낙원"이 될 수 있다는 사실과, 그녀가 자신의 가르침을 너무나 잘 받아들인 유능한 학생이었다는 사실을 뒤늦게야 깨닫게 된 것이다.

「엘레지 7」은 남성 화자가 지적으로 우월한 선생의 입장에서 여성을 가르치며, 그에게 부여된 교육이라는 특권으로 그녀를 자연스럽게 종속의 위치에 묶어 두고 있는 상황을 보여주고 있다. 애인을 "탈 수 있는 말"로 만들었다는 화자의 말에서 그가 여성을 자신의 성욕을 채우기 위한 대상으로, 그리고 조절하고 통제할 열등한 동물로 여기고 있었음을 알 수 있다. 그러나 화자의 가르침은 실패로 끝나고 여성은 남성의 통제와 영향력을 완전히 벗어나 자유를 누림으로써, 여성을 지적으로 열등한 대상으로 보고 남성의 지배를 정당화하려는 시도는 실패로 돌아갈 뿐만 아니라 화자는 여성의 잠재된 힘에 두려움과 불안감을 드러내기에 이른다.

자신의 가르침을 받아 "축복의 낙원"이 된 그녀는 더 이상 화자에게 전혀 낙원이 아니다. 그녀는 순결과 순수성을 잃고 새로운 지식을 얻고 악을 경험했으며, 이제는 새로운 방식으로 자신에게 사랑을 가르쳐준 '창조주'와 같은 화자를 배반할 능력을 소유하게 된 것이다. 애인에게 신과 같이 행세하던 화자는 자신을 위해 창조한 낙원을 결국 다른 남자들이 마음껏 즐기도록 좋은 일만 한 꼴이 되고 만다. 이렇게 볼 때 "자연의 풋내기 바보야"라는 말은 화자 자신을 자조적이고 냉소적으로 일컫는 말이라고 할 수 있다. 이처럼 던의 엘레지 시편에는 여성을 정복하고 다스리려는 남성과, 사랑에서 주도권을 회복하려는 남성의 시도에 저항하는 여성 사이에 반복적으로 나타나는 긴장이 있는데 이 엘레지 역시 이러한 긴장을 보여주고 있다. 남편이 이 여인을 집에 가둬 두려는 시도도 헛되이 그녀는 다른 애인을 찾아 나서는 것에서 볼 수 있듯이, 애인을 자신의 뜻대로 조절하고 통제하려는 화자를 포함한 남성의 모든 시도는 실패로 돌아간다. 이와 관련하여 귀보리는 여성의 몸이 타자에게 열려 있다는 사실은 오랫동안 지속되어 온 여성을 지배하려는 남성의 모든 시도를 전복시키는 것이며, 동시에 이러한 지배가 항상 불안정하고 위태로울 수 있다는 사실을 확인해 주는 것이라고 말하고 있다(Guibbory 823).

■ 근대 초기 가운데서도 특히 17세기는 사회와 경제, 문화적으로 근본적인 변화를 겪고 있었으며, 사생활(privacy)과 개인과 자아에 대한 개념이 서서히 형성되던 시기였다. 이 시대 영국인들은 아직 내면적 진실을 발견하기 위해서 개인을 탐구하는 경우가 드물었으며, 오늘날 우리가 생각하는 것과 같은 타인과 완전히 분리된 자아의 개념은 존재하지도, 또 바람직하게 여기지도 않았다. 그러나 근대 초기의 많은 문학 작품과 에세이, 일기, 편지, 회고록, 자서전 등을 통해서 우리는 이 시기의 남성과 여성들의 사생활에 대한 관심이 점점 높아지고, 공적인 생활과 사적인 생활을 구분하기 시작하였다는 사실을 엿보게 된다. 샤르띠에(Roger Chartier)가 편집한 『사생활의 역사』(*A History of Private Life*, 1989)는 이 분야의 대표적인 연구서로 손꼽을 수 있다. 이 책은 당대 유럽의 문학과 기록, 그림, 건축 등을 통해 사적인 영역과 공적인 영역의 경계에 어떤 변화가 일어나며, 프로테스탄트 종교개혁이 개인의 종교생활에 어떤 영향을 미치는지, 그리고

글을 읽고 쓸 줄 아는 인구가 증가함으로써 일어나는 사회와 생활의 변화 등을 추적함으로써 이에 대한 많은 정보를 제공해 준다. 우리는 던의 『엘레지』를 통해서도 남녀 간의 성 역할과 정체성, 양성 관계 등 사회와 가정이라는 공간에서 일어난 변화를 비롯하여 17세기를 전후한 시기에 영국에서 일어난 이런 변화의 조짐들을 엿볼 수 있었다.

던의 엘레지는 동시대의 서정시와 비교해 볼 때 석(Richard Sugg)이 말한 것처럼 성적인 모험과 당시의 시대적 배경에 대해 정확하고도 극적인 사실성으로 그려내고 있다는 점에서 예술성을 높이 평가할 수 있을 것이다(41). 던의 『엘레지』는 그의 『노래와 소네트』에 비해 당시의 사회상을 보다 많이 보여주고 있다. 이와 관련하여 리드(David Reid)는 『노래와 소네트』에서 사랑은 외부세계를 사라지게 하지만, 『엘레지』에서는 사회적 유대가 우리로 하여금 사랑을 외부의 시각으로 바라볼 수 있게 해준다는 점을 지적하고 있다(53). 예를 들어 「엘레지 1: 질투」의 여성에게는 배가 부풀어 올라 죽어 가면서도 질투심에 아내를 의심하며 감시하는 남편이, 그리고 「엘레지 4: 향수」의 여성에게는 딸이 혹시 임신이나 하지 않았나 의심의 눈으로 잠도 자지 않고 살피는 "불멸의 어머니"가 있다. 「엘레지 7: 자연의 풋내기 바보」의 순진한 아가씨는 화자인 남성으로부터 사랑의 기술과 속임수를 전수받는다. 이들 엘레지의 화자는 극적 독백으로 자신의 불만을 이야기하는 경우가 많아서 『노래와 소네트』나 다른 시들에서보다 극적인 상황에 대한 풍부한 정보를 우리에게 제공한다. 그리고 『엘레지』에 등장하는 인물들은 앞서 다룬 엘레지의 화자들처럼 대개 매력적인 인물이 아니고 비열하기까지 하며, 이들이 처한 상황도 부도덕하고 추하며 수치스러운 경우가 많다. 이와 관련하여 마로티는 던의 엘레지에 그려진 매너와 소재가 그의 『풍자시』(*Satires*)와 마찬가지로 그 시대의 특수한 사회문학적(sociaolitarary) 환경에 적합한 태도와 상황에 기초하고 있기 때문이라고 밝히고 있다. 그에 따르면 던은 엘레지에서 당시의 궁정을 중심으로 한 사회적·문학적 양식에 도전하여 정중한 찬사를 솔직하고 직접적인 말로, 이상적인 성애를 성적 사실주의로, 감상적인 신비화를 비판적인 논쟁으로, 공손하게 자신을 내세우지 않고 굽신거리던 태도를 공격적이고 남성적인 자기주장으로 대체시키고 있다는 것이다(Marotti 45). 정치적 관점에서 접근하는 마로티의 연구와 시각을 같이하는 귀보리도 『엘레지』에 그려진 사랑이 남녀 간의 권력 관계를 다루고 있으며, 성애에 대한 묘사가 여성의 몸과 성관계와 성차(sexual difference)를 재현하는 것으로 보고 있다(Guibbory 811).

물론 던의 엘레지에서 엿볼 수 있는 성 역할의 전도와 남성 지배적 사회 구조와 위계가 붕괴되는 조짐을 오늘날과 지나치게 동일선상에 놓고 보는 것은 르네상스 시대 사회 구조가 지닌 힘과 견고성과 지속성을 극단적으로 과소평가하는 우를 범하는 것일 수 있다. 이 시대는 아직 집안에서 정한 대로 나이 많은 부자에게 시집가지 않으려고 고집부리는 귀족 가문의 딸조차도 매를 맞거나 굶기고 방안에 갇히는 일이 흔하게 일어나던 때이기 때문이다. 실제로 던 자신의 딸 콘스탄스(Constance)도 20살의 나이에 58세의 나이든 배우 겸 감독인 에드워드 앨린(Edward Alleyn)에게 시집을 갔다. 엄격한 가부장적 질서와 법이 지배하던 영국의 르네상스 가정에서 프로테스탄티즘은 가장에게 가족들에 대하여 사제와 같은 종교적 권위를 부여함으로써 16세기 초에 이미 절대적이라 할 만했던 아버지의 권위를 한층 강화시켜주는 역할을 하였다. 이러한 상황을 고려할 때 엘레지 시편에서 접하게 되는 남성보다 더 적극적이고 힘 있고 수완 있는 여성들과 이들에 대한 여성폄하적인 표현들은 여성의 사회적·경제적·문화적 지위와 신분이 향상되는 가운데 남성들이 여성에 대한 전통적 지배권을 잃게 되지 않을까 하는, 그리고 전도된 성 역할이 가족과 사회의 기초를 깨뜨리지나 않을까 하는 두려움과 사회적 위기감이 드러난 것으로 보는 것이 타당할 것이다.

젠더와 식민주의: 「엘레지 18」과 「엘레지 19」

■ 던의 사랑의 시편들에는 신대륙을 탐험하고 끝없이 영토를 확장하며 정복하려는 17세기 초 영국 팽창주의의 시작을 알리는 특징들이 등장한다. 던의 많은 엘레지 시편들의 목적은 「엘레지 19: 잠자리에 드는 연인에게」(“Elegy 19: To His Mistress Going to Bed”)에서처럼 마치 탐험가가 신세계를 발견하는 것처럼 지상의 “낙원”(l. 21)과 “온갖 기쁨”(l. 35)을 제공하는 관능적인 지형인 여인의 몸을 탐험하는 것이다. 이 장에서는 이러한 발견과 정복의 이미지를 통해 끊임없이 그 의미를 모색하고 있는 던의 사랑의 시편에 자주 등장하는 욕망의 세계는 어떤 성격의 것인지, 그리고 르네상스기 영국에서 여성이 작가나 주체, 혹은 개체로서 어떻게 재현되고 있는지를 던의 『엘레지』 시편들을 중심으로 읽어 보고자 한다. 페미니스트 비평가들은 던이 한 남성으로서 글을 쓰고 있으며, 이전의 비평가들이 그의 시에 나타난 성차별적 시각들을 발견하고 분석하는 데 실패하였음을 지적한다. 아울러 때때로 그가 만들어내는 부도덕한 시속에 미화된 남성성을 찬양하며, 그의 몇몇 작품 속에 나타나는 더 실제적이고 매혹적인 주제인 숭고한 문제들은 도외시하였다고 비판하고 있다. 이들은 기존의 체제와 사회에 저항하는 『엘레지』의 시들이 위트와 충격적인 전략을 사용하면서 남성적 시각에서 여성혐오적이고 호색적인 경향을 적나라하게 드러내고 있다고 보는 것이다.

이처럼 신역사주의적이고 페미니즘적인 접근뿐만 아니라 최근에는 정신분석학적, 후기 구조주의적 비평에 기초한 다양한 관점에서 던에 대한 연구가 본격화되고 있다. 이 장에서는 이들 연구성과를 바탕으로 하여 던의 놀라운 지적인 재치와 활력을 보여주는 청년기의 작품으로서 이후 걸작들의 초석으로 평가되고 있는 『엘레지』 가운데서 대표적인 작품인 「엘레지 19」와 「엘레지 18: 사랑의 진행」(“Elegy 18: Love's Progress”)을 중심으로 던 다시 읽기를 시도함으로써, 식민주의적이고 여성혐오적인 디스코스를 통해 드러나는 젠더와 식민주의에 관한 전복적이고 정치적인 시의 성격을 규명하고자 한다.

■ 「엘레지 19」는 다른 몇 편의 시들과 함께 상상 속에서 노골적으로 추구하는 성적 경험을 다루고 있는 시다. 이 시는 던의 사후에 편찬된 첫 시집 출간에서 제외될 정도로 상스러운 것으로 간주되었다. 「엘레지 19」에서 여인은 8가지 매우 고무적인 이유를 들으며 옷을 벗도록 부추김을 당하고 있다. 가장 극적인 순간에 이 여인은 아담과 이브가 타락하기 이전의 에덴과 같은, 즉 새로 발견된 땅 아메리카가 된다. 이렇게 볼 때 이 시는 성적인 자유와 발견을 찬양하는 노래라고 할 수 있을 것이다. 또한 시의 화자는 이질적인 여성의 몸이라는 공간을 "오 나의 아메리카여! 새로 발견한 나의 땅이여"(27)라며 식민지화되기를 기다리는 지리적인 영역으로 분명하게 언급하고 있는데, 이는 이 시가 두드러지게 식민주의자의 관점에서 씌어졌다는 사실을 보여주고 있다.

시의 시작 부분은 의사영웅시처럼 애인의 침대에서 여인을 처음 대하는 장면을 서사적 전투와 같이 묘사하고 있다. 그것도 "적은 때때로 적을 시야 속에 보며, 싸우지 않아도 서 있는 것으로 지치오"라며 성적인 펀(pun)으로 그려내고 있다.

> 오라, 여인이여, 오라, 모든 휴식에 내 힘은 도전하니,
> 내가 애쓸 때까지, 나는 진통하며 누워 있네.
> 적은 때때로 적을 시야 속에 보며,
> 싸우지 않아도 서 있는 것으로 지치오.

> Come, Madam, come, all rest my powers defy,

Until I labour, I in labour lie.
The foe oft-times having the foe in sight,
Is tired with standing though they never fight. (1-4)

독자는 대상이 옷 벗는 여인이고, 화자의 기분은 욕망으로 가득 차 있는 상태임을 분명히 알 수 있다. 이는 "애씀"(labour)이나 "일어섬"(standing)과 같이 작품 전체에 걸쳐 사용되는 몇 가지 펀(pun)을 통해 제시되고 있다. "애씀"에 대한 펀(pun)에서 화자는 여인과 잠자리에서 애를 쓰게 될 때까지 고통 속에 기다리는 것과 같은 다른 종류의 노고를 견뎌 내야 한다는 것을 말하고 있다. 두 번째 "일어섬"에 관한 펀(pun)에서 연인이 옷을 벗는 것을 관찰하기 위해 '서 있는' 화자는 시작될 전투를 기다리며 '서 있는' 병사와 비교될 수 있을 것이다. 그러나 여기서 "일어섬"의 부가적인 의미는 바로 화자의 발기된 성기와 연관된다. 이어지는 비유는 종교적인데, 침대는 성전이고, 여인은 그 성전에 마호메트의 낙원 같은 천국을 가져오며, 그녀는 천사처럼 흰옷을 입고 있다. 텍스트 전체를 통해 반전과 일어섬(발기)이 반복되어 나타나고 있는데, 이는 악한 천사들도 흰옷을 입고 있지만 "그들은 우리 머리칼을, 이들은 우리 몸을 곤추세운다"(24)고 하는 구절에서도 다시 나타난다.

「엘레지 19」에서는 여성의 몸에 대해 그렇게 많은 주의를 기울이고 있지 않다. 화자의 찬양하는 시선은 그녀가 벗는 옷에 머물고 있지만 그가 여성을 바라보고 있는 것 같지 않으며, 우리 독자들 역시 이 여성을 보고 있지 않다. 따라서 이 여성의 존재론적 위치는 미심쩍다고 할 수 있을 것이다. 캐리가 말한 것처럼 엘레지의 주제나 이 시의 상황, 혹은 일반적인 욕망의 속성에 비추어 볼 때 머리카락 이외에는 여성의 몸이 언급되지 않는다는 사실은 놀랄 만하다(Carey 92-93). 먼저 그녀는 그녀의 몸이 세계를 기하학적으로 감싸고 있는 것처럼 전 우주라는 비현실적인 측면에서 인식되고 있다.

그 허리띠를 푸시오. 하늘의 띠처럼 반짝이지만
휠씬 아름다운 세계를 둘러싸고 있는.

Off with that girdle, like heaven's zone glistering,
But a far fairer world encompassing. (5-6)

허리띠를 푸는 것은 여성의 몸으로 묘사되어 있는 원이나 세계의 완전함이나 순수함을 손상시키는 것이다. 허리띠는 여성을 두르고 있으며 이 허리띠에 대한 손상은 여성의 몸 자체에 대한 손상과 마찬가지가 되고 이는 또한 그녀의 "컴퍼스"(compass)인 다리를 벌리는 것과 같다. 이 순수하고 벌거벗은 상태의 '아가씨'(girl)는 "허리띠"(girdle)를 풀어헤치는 순간 드러난다(Docherty 78-79).

이처럼 시의 화자는 여성의 다양한 옷의 목록을 제시하며 여인에게 벗어 버릴 것을 요구하는데 그중에서도 단단하게 조인 "코르셋"(busk)은 여인의 몸에 밀착되어 있다는 것과 빳빳하게 서 있는 독특한 모양새로 인해 화자의 부러움을 사고 있다(Nutt 10).

그 행복한 코르셋을 벗으시오, 내가 부러워하는,
아주 가까이 항상 있을 수 있고, 항상 설 수 있는 코르셋을.

Off with that happy busk, which I envy,
That still can be, and still can stand so nigh. (11-12)

여기서 반복되어 사용되고 있는 "여전히"(still)는 시의 이중적인 의미를 찾아내는 데 도움이 된다. 만일 이 아름다운 여인의 코르셋을 벗겨 그녀와 육체적 관계를 가지려면 그는 가만히 있을 수 없으며, 그녀와 관계를 가질 경우 그는 계속 서 있을 수 없게 된다는 성적 함의가 담겨 있는 것이다. 그러나 그녀가 옷을 벗으면 벗을수록 역설적이게도 그녀 자신은 옷 무더기 뒤로 사라지기 시작한다. 거들 밑에 있던 여성은 사라지고 옷이나 몸에 대한 은유적이고 완곡한 표현이 그 자리를 대신 차지하게 된다.

> 그대의 가운이 벗겨지면서 몹시 아름다운 자태가 드러나오,
> 산 그림자가 꽃핀 초원으로부터 살며시 사라질 때처럼.

> Your gown going off, such beauteous state reveals,
> As when from flowery meads th' hill's shadow steals. (13-14)

여기서 여성과 그녀의 몸은 일종의 여성적 풍경으로 대치되어, 아메리카 대륙, 보다 정확하게 말해서 처녀의 땅(virgin land)이라 할 수 있는 버지니아가 된다. 신세계에 대한 탐험은 버지니아와 처녀와 여성에 대한 탐험을 연상시키며, 이는 거들이 풀어지는 순간 여성에 대한 겁탈을 의미하고 있다고 하겠다(Docherty 79).

여성은 천사의 모습으로 변형되었다가 드디어 남성 화자가 성공적으로 식민지화하여 지배하고 취하는 낯선 땅인 여성의 공간이 되고 있다. 이 시에서 던은 침실과 왕이나 군주의 정치적 영역 사이를 쉽게 오가면서 유혹을 지배의 개념으로 다루고 있다. 화자는 애인에게 옷을 벗으라고 유혹하면서 그녀를 과장된 칭찬으로 이상화하고 있다. 그러나 이러한 칭찬과 존경과 찬사의 이면에는 식민화된 여성을 소유하고 지배하려는 욕망이 존재하고 있음을 귀보리는 날카롭게 분석하고 있다(Guibbory 32-33). 여성의 몸을 식민지와 같은 땅에 비유한 다음 구절에서 우리는 여성을 지배하려는 남성의 욕망과 권력을 분명하게 엿볼 수 있다.

더듬는 내 손을 허락하여 들어가게 하오
앞뒤로, 사이로, 위아래로.
오 나의 아메리카, 새로 발견한 나의 땅이여,
한 남자만 살 때 가장 안전한 나의 왕국,
보석들이 묻힌 나의 광산, 나의 영토여,
당신을 발견하다니 얼마나 축복받았는지!

Licence my roving hands, and let them go
Before, behind, between, above, below.
O my America, my new found land,
My kingdom, safeliest when with one man manned,
My mine of precious stones, my empery,
How blessed am I in this discovering thee! (25-30)

'아메리카' 혹은 '버지니아'라고 불리는 여성은 이제 남성적인 영국이나 시인 자신에게 운명이 좌우되는 상태에 놓이게 된다. 이어지는 시행은 군주 개인에게 바치는 찬가이면서 동시에 남성의 힘과 우월성에 대한 찬양이기도 하다. 텍스트 속에서 남성 화자와 여성 사이의 교류나 의사소통은 전혀 보이지 않는다. 여성은 말이나 반응이 전혀 없을 뿐만 아니라 곧 시에서 사라져 버리고 시의 화자만이 남아서 자신에게 말하고 있을 따름이다. 시의 시작 부분에서 여성은 특권을 부여하는 군주의 위치에 있다가 특권을 부여하는 순간 자신의 주권을 잃어버린다. 처음에 잠재되어 있던 의미가 이제 분명하게 드러나면서 남성은 탐험가이자 정복자가 되고 여성은 그가 소유하고 지배하는 땅과 왕국이 되는 것이다. 반복적으로 사용된 소유격은 남성이 지배한다는 사실을 강하게 부각시키고 있다.

이어서 던이 자신의 이미지로 여성에게 도장을 찍거나 새기려고 할 때,

화자는 자신이 여인과 관계를 가지는 것을 마치 왕이 자신의 모습을 주화 같은 것에 박아 넣은 것과 같이 이야기하고 있다. 주화가 거기에 찍힌 왕의 모습으로 인해 가치를 지니듯이 여인의 가치는 자신을 소유한 남성에 의해 결정된다. 여인은 자신을 차지한 남성의 이미지이거나 재현인 것이다.

이 속박에 들어가는 것은 자유로워지는 것이라오.
내 손이 닿는 곳에 내 도장 찍히게 되리.

To enter in these bonds, is to be free;
Then where my hand is set, my seal shall be. (31-32)

이 "도장"을 찍는다는 구절에서 화자는 군주로서의 입지를 굳히고 있다(Guibbory 33). 던이 사용한 이러한 이미지와 은유들은 여성을 군주의 자리에서 끌어내리고 남성에게 주권을 회복시키는 정치적인 성격을 강하게 띠고 있다고 하겠다.

여성의 옷은 그녀의 성적인 신비를 숨기고 있는데, 시의 결말에서도 이 비밀은 여전히 드러나지 않으면서 화자는 계속 애원하고 가르치고 어르면서 조르고 있다. 정치적으로 전복적인 입장을 잠시 취하던 화자는 또다시 여성의 "완전한 나체"(Full nakedness; 33)를 찬양하면서 여성을 특별히 선택된 소수에게만 자신의 신비를 계시하며 보여주는 "신비로운 책"(mystic books)이나 "은총"(grace)을 베풀 신으로 떠받들고 있다.

그렇게 차린 모든 여성들은 속인들을 위하여 만들어진
그림이나 화려한 책의 표지와 같소.
여자들 자신들이 신비로운 책.
여자들이 소유한 은총이 우리를 고귀하게 할 우리만이 그것을

드러난 대로 보아야 하오. 그러면 내가 알 수 있도록,
산파에게 보여주듯 그렇게 아낌없이 보여주시오
그대 자신을.

Like pictures, or like books' gay coverings made
For laymen, are all women thus arrayed;
Themselves are mystic books, which only we
Whom their imputed grace will dignify
Must see revealed. Then since I may know,
As liberally, as to a midwife, show
Thyself. (39-45)

시의 후반부로 갈수록 여인을 꾀는 정도는 더욱 대담해지며 여인 자신의 아름다움과 그 여인의 소유물을 구분하지 못하는 "바보들"을 비난하는데, 이들은 "신비로운 책"을 읽을 수 없는 "속인들"이기도 하다. 이 여인은 종교적 대상으로 간주되는 너무나 성스러운 존재로서 오직 높은 성직자만이 다가갈 수 있으며, 따라서 "신비로운 책"을 읽을 수 있는 완전한 믿음과 권위를 지닌 자신은 당연히 성직자가 되는 것이다(Nutt 12).

시의 마지막 반전은 "그대를 가르치려고 내가 먼저 벌거벗었소. 그러니 / 그대를 덮을 무슨 딴 옷이 필요하겠소, 한 남자 외에"라는 성행위를 묘사하는 듯한 결말에서 남성을 여성의 위에 두어 남성의 지배권을 확인하는 데서 일어나고 있다.

그렇소, 던져 버리시오 전부를, 이 흰 린네르 옷도.
여기엔 참회도 없고, 흰 복장은 더욱 필요 없소.
그대를 가르치려고 내가 먼저 벌거벗었소. 그러니

그대를 덮을 딴 무슨 옷이 필요하겠소, 한 남자 외에.

cast all, yea, this white linen hence,
Here is no penance, much less innocence.
To teach thee, I am naked first, why then
What needst thou have more covering than a man. (45-48)

화자가 "여기엔 참회도 없고, 흰 복장은 더욱 필요 없소"라며 추상적인 관념과 물리적 의복을 동시에 언급함으로써 시는 이중적인 초점을 유지하고 있다. "그대를 덮을 다른 무슨 옷이 필요하겠소, 한 남자 외에"라는 마지막 구절에서 우리는 시 전체를 통하여 제시되는 자신감과 힘이 스며 나오는 익살스러운 이미지를 보게 된다. 여기서 남성은 안정된 준거로 여겨지며, 여성의 몸이라는 공간인 큰 타자의 가치와 경계를 결정하고 탐험하고 이용하는 존재가 된다. 여성으로서의 존재는 시에서 아무 가치도 없으며, 사실 그녀는 모습을 드러내지조차 않는다. 그녀는 단지 남성에게 소유될 때만 가치를 지니게 되는 것이다.

■ 비록 20세기에 들어서 존 던에 대한 연구가 다시 부활하게 되었지만 「엘레지 18: 사랑의 진행」은 그동안 비평가들의 외면을 받다가 최근 이 작품에 대한 다양한 접근이 이루어지고 있다. 마로티(Arthur Marotti)는 던을 '동인 시인'(coterie poet)의 일원으로 그의 작품을 해석하려는 경향이 있으며, 패터슨(Annabel Patterson)은 이 작품을 '자기검열'(self-censorship)의 관점에서 논의하고 있고, 영(R. V. Young)은 억제되지 않은 성적 욕망을 다룬 냉소적인 시 이면에 깔린 식민주의적 디스코스에 담긴 이중적인 의미를 읽어내고 있다. 영이 말한 바와 같이 던은 새로 발견한 땅을 여성의 신체에 비유할 뿐 아니라, 거칠고 냉소적인 풍자를 통해 근대 초기 식민

지 개척시대의 위선적이고 자기만족적인 식민주의를 패러디를 하고 있다(Young 37). 시에서 식민주의는 성적인 위트에 틀을 제공하고, 성적 지배라는 개념은 식민주의를 비판하는 데 전략적으로 사용되고 있다고 하겠다.

「엘레지 18」은 식민주의를 전면에 내세우면서 성과 젠더의 문제를 다루고 있는데, 식민지 영토를 여성의 몸과 동일시하며 여성을 땅과 자연, 수동성과 연결시키는 틀을 채택하고 있다. 이에 대해 벨지(Catherine Belsey)는 던의 시가 사적인 사랑의 영역과 경제, 정치, 역사 등의 공적인 영역을 구별하기 시작한 16세기 말, 17세기 초 영국의 시대적 상황을 반영하고 있는 것으로 해석하고 있다. 예를 들어 던의 엘레지 시편들은 여성의 몸 그 자체보다는 르네상스 시대의 탐험가들과 지도 제작자들이 눈뜨기 시작한 근대 초기 영국 사회에 팽배해 있던 욕망을 그리고 있다고 보는 것이다(Belsey 147-48). 이들의 눈에 비친 새로운 세계는 여성과 마찬가지로 무한하고 유혹적이며 아름다웠을 것이며, 한편으로는 이들 미개척지가 위험하기도 하였을 것으로 쉽게 추측할 수 있다. 그렇다면 성(sexuality)이라는 개인적인 영역과 식민지 개척의 모험이라는 공적인 세계를 구별하고 은유적으로 결합시키는 것을 가능하게 하는 조건은 무엇일까? 다시 말해서 던의 엘레지에서 미지의 땅에 대한 지리상의 발견이 욕망의 대상이 될 수 있는 근거인 젠더와 식민주의가 만나는 공통의 영역은 무엇인가라는 질문을 던지면서 「엘레지 18」을 읽어보자.

「엘레지 18」은 앞의 「엘레지 19」와 마찬가지로 주 관심사를 성적인 사랑에 두고 성행위 자체를 사랑의 진정한 목표로 삼고 있지만, 그 목표 자체보다는 거기에 도달하기까지의 여정에 더 관심을 두고 있다. 던의 성적 상상은 엘리자베스 시대 전원적이고 이상화된 사랑의 시에 익숙한 독자들에게는 상상을 초월할 정도로 노골적이며 사실적인데, 시인은 페트라르카식 전통에 반기를 들고 혁명적인 시를 시도하고 있는 것이다. 「엘레지

18」은 "미덕"(virtue; 21)이나 "고결함"(ingenuity; 13)과 같은 여성의 다른 가치와 자질을 거부하면서, 여성의 본질은 남자들이 사랑하는 "중심부"(centric part; 36)인 여성의 성기라고 단정한다. 남성들이 여성의 얼굴이나 육체의 윗부분에 관심을 가져서 안 되는 이유는 사랑의 항구로 항해하는 과정에서 그것들 때문에 항로를 이탈하거나 배가 난파될 위험에 처하기 때문이라는 것이다.

던은 사랑을 항해에 비유하면서, "사랑하는 이는 누구든 진정한 사랑의 목적을 / 제시하지 못한다면 사랑이라는 바다로 가서 / 멀미만을 겪을 뿐이다"(Whoever loves, if he do not propose / The right true end of love, he's one that goes / To sea for nothing but to make him sick; 1-3)라며 사랑의 목표를 잘못 설정할 경우 멀미하러 항해를 떠나는 것처럼 어리석다고 말한다. 이는 마치 곰이 갓 태어난 새끼의 양수를 너무 핥을 때 그 새끼의 모양이 변하듯 우리의 사랑도 기형의 괴물로 변할 수 있다는 것이다. 여기서 던은 페트라르카식 소네트에서 전통적으로 이루어져온 여성에 대한 이상화가 자연을 괴물처럼 왜곡한 것과 같음을 암시하고 있다(Guibbory 30). 그는 잘못된 사랑은 괴물의 살덩이처럼 완벽하지 못하여 인간의 머리를 가지고 태어난 송아지가 본모습으로 태어난 송아지보다 인간에 더 가깝지만, 어디까지나 그것은 괴물이라고 말한다. 이러한 자연의 변종을 언급하는 이유는 사랑을 할 때 완벽함을 추구하라는 말을 하기 위해서다.

> 완벽함은 완전한 통일성 속에서 이뤄진다:
> 먼저 여인을, 그리고 그녀가 가지고 있는 한 가지를 선택하라.
>
> Perfection is in unity: prefer
> One woman first, and then one thing in her. (9-10)

나중에 알게 되듯이 이 "한 가지"란 바로 여성의 성기를 지칭하고 있다. 이어서 던은 금의 이미지를 도입하여, 금의 가치가 여러 가지에 있지만 진정한 가치는 "교역의 중심"(the soul of trade; 16)이라는 사실에 있다고 말한다. 여기서 "soul"이라는 단어가 불러일으키는 연상은 화자가 소중히 여기는 것이 여성의 영혼일지도 모른다는 암시이다. 여성이 많은 자질들을 가지고 있지만 우리는 그중 하나만을 사랑해야 하며, 별로 중요하지 않는 자질 때문에 한 여성을 사랑한다면 그것보다 더 그녀에게 상처를 주는 것이 없다고 주장한다. 마로티가 "이 시에서 사랑의 목표 가운데 하나는 경제적인 것이다. 처음부터 성적인 것은 상업적인 실체들과 관련하여 정의되고 있다"(Marotti 50)고 주장한 바와 같이, 시의 도입부 부분에서 여성의 육체와 새로 발견된 땅 사이의 유추는 아직 이루어지지 않고 여성을 교역의 중심인 금에 비유하고 있다.

던은 금 자체가 지니고 있는 가치보다 그것이 지니는 교역의 수단으로서의 가치가 더 크다는 사실을 들어, 본래의 가치보다 명목상의 가치를 우위에 두고 있다. 이러한 가치 전도는 금과 마찬가지로 여성에게서도 이루어지며, 이를 바탕으로 금과 여성 사이의 유추와, 나아가 여성의 몸에 대한 식민지를 탐험하는 항해에 대한 묘사가 이루어지고 있는 것이다. 금과 달리 여성은 미덕이나 지혜, 아름다움과 같은 자질을 소유할 수도, 그렇지 않을 수도 있다. 그러나 비록 여성이 그러한 미덕을 가졌더라도, 그러한 것은 부차적인 속성에 불과하다. 돈이나 금의 가치가 "교역의 중심"이라는 사실에 있는 것이라면, 여성의 진정한 가치는 성적인 용도에 의해 결정된다는 것이다. 이 여성의 성적인 유용성과 가치는 그녀의 "중심부"로 구체적으로 표현되고 있다. "여성을 여성으로 만드는 것은 미덕뿐인가? / 나는 고결함과 자제력을 가지고 / 현명하고 착한 여인을 찾을 때까지 참아야 하나?"(Make virtue woman? must I cool my blood / Till I both be, and find one, wise and good?; 21-22)라는 구절에서 동사 "be"와 "find"는 매우 밀접한 관계에 있다. 이 두 동사는 앞의 두 자질인 "virtue"와 "cool", 뒤의 두 자질인 "wise"와 "good"을 연결하는 중심축의 역할을 한다. 던이 이처럼 불가능한 듯한 문법을 취한 것처럼 이러한 자질들을 가진 남녀를 발견한다는 것은 거의 불가능하며, 이런 이유로 그는 완벽한 영혼, 즉 위에서 나열한 자질을 가진 사람이 나타날 때까지 더 이상 자제하며 기다리지 않겠다는 의도를 명백하게 드러내고 있는 것이다(Nutt 16-17).

던은 우리가 여인을 사랑하는 것은 그녀의 마음속에 내재한 선과 아름다움, 심지어는 부유함이나 앞서 암시했던 영혼 때문이 아니라고 한다. 단지 그녀가 소유한 이러한 자질들 중 하나만의 이유로 그 여인을 사랑하는 것은 그녀의 또 다른 소유물인 하녀를 유혹하는 것만큼이나 불경스럽다는 것이다. 천국을 뒤져도 사랑의 진정한 목적인 큐피드를 찾을 수 없는데 이는 그가 지하세계에 거주하고 있기 때문이다. 큐피드가 천국에 없는 것은 그의 이름이 붙여진 행성이나 별자리가 없기 때문이다. 플루토는 그리스 신화에 나오는 부의 신으로 지하세계를 칭하는 일반적인 개념으로 사용되고 있다. 불과 금은 물질과 파괴적인 열정이 사랑의 조건임을 의미하며 이것은 지하세계에 가득 차 있는 것이다.

금과 여성의 몸 사이의 관계를 확장시키고 있는 다음 부분은 충격적이고 대담한 상상의 비약을 보여주며, 사무엘 존슨(Samuel Johnson)과 같은 비평가들을 당혹스럽게 했던 구절이다.

남성들은 제단 위의 신이 아니라
우묵한 곳과 구멍에 제물을 바친다.
비록 지구 위를 떠도는 천체를 보지만,
우리가 갈고 사랑해야 하는 것은 대지이다.
그리하여 우리는 그녀의 태도와 말씨, 마음과 미덕을 생각하지만,
진정 사랑해야 할 곳은 그녀의 중심부인 것이다.

사랑에 있어서, 그것이 영혼보다 더욱 가치 있고 적절하며
영혼만큼이나 무한한 것이다.

Men to such gods, their sacrificing coals
Did not in altars lay, but pits and holes.
Although we see celestial bodies move
Above the earth, the earth we till and love:
So we her airs contemplate, words and heart,
And virtues; but we love the centric part.
Nor is the soul more worthy, or more fit
For love than this, as infinite as it. (31-36)

던은 남성들은 신에게 제물을 바칠 때 제단 위가 아니라 대지에 바쳐야 한다는 생각에서부터 지하세계에 있는 큐피드의 개념에서 "우묵한 곳과 구멍"이 암시하는 자궁(vagina)의 이미지로 비약한다. 화자는 비록 천국을 존중하지만 우리가 사랑하고 갈아야 할 곳은 대지라고 주장한다. 그는 다산과 생식을 강조함으로써 여성의 "중심부"를 생명을 잉태하는 자궁의 의미로 사용하고 있으며, 이는 영혼만큼이나 무한한 자질을 지니고 있음을 말하고 있다. "우묵한 곳과 구멍"과 동일시되고 있는 여성의 몸은 텅 비어 있고 숨겨진 공간으로서, 던은 성적인 차원을 지형학적인 차원으로 그려내고 있는 것이다. 유럽의 탐험가들이 식민지로 만들려고 하는 땅과 여성의 몸은 이처럼 시에서 유사하게 다뤄지고 있다.

여기서부터 던은 앞에서 미루었던 본격적인 사랑에 대한 항해를 시작한다. 그는 우선 사랑을 여성의 얼굴로부터 시작하려는 사람들을 비난한다. 그들은 사랑의 항해를 떠나는 배에 승선하여 여성의 머리카락과 이마를 지나 코, 태양과 같은 눈, 그리고 뺨에 이르기까지 아래로 향하는 여정 후

에, 마침내 입술에 정박하여 사랑의 안식을 찾는다. 던은 이 사랑의 여행을 고전을 인유하고 이국적 정서를 동원하여 묘사한다. 계속해서 여성의 예측할 수 없는 속성과, 기쁨과 슬픔을 주는 능력에 대한 암시가 이어진다. 그녀의 머리칼은 "마법의 샘과 덫과 족쇄들이 매설된 매복의 숲"(41-2)이며, 입술은 "사이렌의 노래"(55)를 부르고 "아폴로 신전의 신탁"(56)을 말하며, 갈라진 혀는 "빨판상어의 혀"(58)와 같아서 배에 달라붙어 항해를 방해한다. 화자가 갈망하는 '그곳'으로 가는 상상의 항해에서 시인이 정박하는 곳은 실제로 그들 나름대로 그만한 이유를 지니고 있다. 그녀의 "도톰한 입술은 약한 카나리술이 아니라 자극적인 암브로시알"이며, 턱은 "빛나는 갑(岬)"이고, 부드러운 이마는 "천국"이다. 이들 몸의 각 부분은 진정한 사랑의 목표인 "중심부"를 대체하는 역할을 하기도 하지만 그곳으로 가는 여정에서 위험한 요인으로도 작용한다. 천국과 같던 부드러운 이마가 주름지면 항해자의 "무덤"이 되기도 한다. 입은 진주 같은 이를 가지고 있지만 또한 "빨판상어"의 혀와 같은 흡착력을 지니고 있어 지나가는 배들을 난파시킬 수도 있는 것이다.

바다를 항해하면서 배(stomach)를 지나 "인도"(India; 65)로 향할 때, 항해자는 "배꼽"(66)을 항구로 오인할 수 있으며, 또한 음모(pubic hair)조차도 적을 유인하기 위한 "또 다른 숲"(69)으로 설정되어 있어서 정신 차리지 않으면 파선할지 모른다. 그 속에서 많은 배들이 난파당하고 불운한 뱃사람들이 익사를 하였기 때문이다. 인도는 그녀의 성기(vagina)를 의미하는데, 시인은 여기서 다시 한번 모험에 찬 영웅적인 항해의 성격을 강조하기 위해 이국적인 정서를 사용하고 있다. 우리는 제임스 1세 당시 인도로의 여행이 얼마나 험하고 마법과 같은 것인지를 생각해 볼 필요가 있는데, 여러 단계를 거쳐 여성의 중앙부 즉 성기로 향하는 길이 마치 인도로의 항해처럼 모험에 차고 마법과도 같은 것임을 강조하고 있는 것이다. 여성을 유혹하는 과정은 탐색과 발견의 여정이지만 조심성이 없는 남성에게는 함정이 될 수도 있다. 왜냐하면 그가 지나가게 될 여성의 육체가 그를 좌절시키기 위해 온갖 시도를 다하기 때문이다(Guibbory 30).

이처럼 던은 얼굴과 같이 알려지고 볼 수 있는 것에서 시작하여 미지의 볼 수 없는 것으로 나아가는 사랑의 여정을 당시의 항해술을 끌어들여 묘사하고 있다. 「사랑의 진행」의 식민지 지도 제작자가 여성의 몸을 지도로 그린다는 것은 지배와 소유의 과정을 의미한다. 시의 제목인 "진행"(progress)은 엘리자베스 여왕 시대에 착취행위를 진행이나 전진이라는 고상한 개념으로 대체하여 정책에 정당성을 부여한 중요한 이데올로기였다. 지형과 방위를 신중히 고려하며 지도를 제작하여 항해에 나섰을 당시 항해자들처럼, 사랑의 항해를 여인의 얼굴로부터 시작해서 "그녀의 인도"로 항해하려는 사람은 항해 도중에 만나는 여러 가지 해부학적 장애물에 의해 가로막히게 될 것이다. 항해자가 목적지인 인도에 도착하기 위해서는 여성의 몸의 저항을 피할 수 있는 훌륭한 지도의 도움이 결정적으로 필요하다. 근대 초기에 이 지도 제작에 결정적으로 중요한 역할을 한 것이 바로 발이라고 할 수 있을 것이다. 항해자가 자신이 지나온 곳을 루트로 표시하는 것은 지도 위의 텅 빈 공간에 자신의 족적을 채우는 것이며, 이것을 성적인 비유로 표현하면 그녀의 인도가 가지고 있는 텅 빈 공간에 자신의 흔적을 채우는 것으로 생각할 수 있을 것이다.

화자는 여기서 다시 한번 사랑의 여정을 얼굴에서 시작한 것이 잘못되었다는 사실에 대해 생각해 보라고 한다. 그러면서 그는 발이 신체 가운데 침대로 가는 첫 부분임을 강조하면서, 사랑의 행위를 얼굴에서 시작하는 것보다는 발로부터 시작하라며 더 나은 사랑의 루트를 제시하고 있다.

> 풍요로운 자연은 여성에게 현명하게 두 개의 지갑을 만들어
> 그들의 주둥이는 반대방향으로 놓여 있다.
> 그들은 그렇다면 더 아래쪽에 찬사를 보내야할 의무가 있다,

그 길로, 보물이 나오는 출구로, 우리는 가야 한다.
그렇게 하지 않는 이는 관장을 하여 뱃속에 음식을 채워 넣으려는 것만큼
큰 실수를 범하는 것이기 때문이다.

Rich Nature hath in women wisely made
Two purses, and their mouths aversely laid;
They then, which to the lower tribute owe,
That way which that exchequer looks, must go.
He which doth not, his error is as great,
As who by clyster gave the stomach meat. (91-96)

던은 "purses"라는 단어를 동사적 의미와 명사적 의미 모두를 연상시키는 재치 있는 펀(pun)으로 사용하고 있다. 자연은 여성에게 두 입들 즉 "purses"를 부여했고 이들은 각각 엇갈린 방향으로 향하듯이 놓여 있다. 여기서 "aversely"라는 부사는 마치 여성의 입과 성기가 신체의 반대방향에 위치해 있듯이 '서로 다른 방향으로'라는 의미를 가진다. 던의 시대에 지갑은 주로 가죽으로 만든, 끈으로 조였다 풀었다 하는 느슨한 가방이었다. 여기서 "purses"는 여성의 입과 성기라는 명사적 의미와 'purse' 자체가 가지고 있는 다른 의미 즉 '오무리다'라는 동사적 의미를 연상시켜 지갑을 조였다 풀었다하는 행위가 성행위 자체를 암시하는 것으로도 생각해 볼 수 있다(Nutt 21). 시의 화자가 내리는 결론은 사랑을 하고 사랑의 진정한 목적을 아는 자는 누구든지 사랑에 적합한 그곳, 즉 성기에 찬사를 바치라는 것이다. 즉 성적인 결합이 진정한 사랑의 목적이며, 이와 같은 사실을 부정하는 이는 배설이 아닌 관장을 하고 음식을 먹는 이와 같다고 말한다. 이처럼 「엘레지 18」은 사랑의 목표를 이상화하기를 거부하면서 성행위를 여성의 "아래쪽" "지갑"에 "찬사(혹은 공물)"를 바치는 것으로 묘

사하며, 이 목적을 달성하기 위해 잘못된 방법을 사용하는 사람을 관장을 함으로써 위를 채우려고 하는 어리석은 자에 비유하고 있는 것이다.

던은 멀리서 여성을 숭배하고 그녀의 미덕과 아름다움을 찬양하는 것은 이 사랑을 괴물과 같이 만드는 것이라며 자연스럽고 제대로 된 사랑의 관계를 제시하고 있다. 즉 연인이 어느 특정인의 아름다움을 보고 이상적이고 초월적인 미에 대한 비전으로 나아가게 되는 플라톤적인 사랑의 단계를 우스꽝스럽게 흉내 내어, 아래쪽 발에서부터 시작하여 위로 올라가는 색다른 사랑의 전형을 제시하고 있는 것이다. 이처럼 페트라르카식 전통을 전복시키고 있는 던의 엘레지 시편에서는 남성 화자의 우월성이 강조되며 여성혐오적 경향이 짙게 드러나는 등 젠더가 특별한 중요성을 띠고 있다(Guibbory 30-31). 여성의 몸을 장난감처럼 자세하게 해부하는 이러한 자극적인 성의 여행에서 던은 예상과는 달리 특이하게도 우리의 감각에 호소하는 데는 관심이 없다. 이는 『엘레지』 시편들이 단순히 친구를 즐겁게 하기 위해 쓰여졌으며, 또한 그의 성적 욕망을 자극하기보다는 지적인 욕망을 자극하는 문학적인 게임과 다르지 않음을 짐작하게 하는 부분이다.

라만(Shankar Raman)은 이 「사랑의 진행」과 베드포드 백작부인(the Countess of Bedford)에게 보낸 시로 쓴 편지 사이에 존재하는 흥미로운 어조의 차이에 주목하고 있다. 즉 시의 대상과 목적이 다르기 때문에 시의 내용이나 어조에 상당한 차이를 보인다는 것이다. 대학 친구들 사이에 돌려 읽던 엘레지와 자신의 후원자인 공작부인에게 보낸 보다 사적인 시 사이에 나타나는 이러한 어조의 차이는 여성의 육체를 성적으로 지배한다는 허구로부터 여성 후원자에게 의존해야만 하는 불편한 상태로의 변화를 보여주고 있다고 하겠다(Raman 161).

이처럼 「엘레지 18」은 돈(gold)과 여성(centric part)과 식민지(India)가 지니는 자질과 가치를 다양한 비유의 틀을 통해 제시하면서, 젠더와 식민지 발견이라는 문제를 다루고 있다. 여성의 몸과 식민지를 개척하기 위한 항해가 가치의 문제를 재조정하는 장(場)이 되고 있다는 사실은 근대 초기 영국 사회가 안고 있는 가치관의 위기를 반영하고 있다고 보아야 할 것이다. 즉 돈의 가치에 대한 문제가 제공하는 유추를 넘어, 「엘레지 18」은 여성과 식민지 개발을 서로 관련된 것으로 보면서 가치와 권위의 불확실성을 다루고 있는 것이다. 만약 "그녀의 인도로 향하는 항해"가 유럽의 강대국들이 개척해놓은 무역로를 따라가는 것이라면 이는 욕망하는 목표물이 교환성과 활용가치가 있기 때문일 것이다. 그렇다면 식민지를 개척하기 위한 항해는 돈의 속성을 변모시키고 있으며, 가치의 속성도 재정의하고 있는 것이다. 화자는 마치 무역을 완벽하게 구현하고 있는 상업화된 몸을 항해하고 있다고 하겠다.

■ 던은 엘리자베스 시대에 유행한 기사도적인 사랑시를 쓰지 않고 항상 자신만의 독특한 거친 목소리를 인식하고 있었다. 그의 많은 사랑시들이 유혹과 성에 관한 것이지만 의외로 관능적인 이미지나 육체에 대한 묘사를 거의 찾아볼 수 가 없다. 이는 그의 시들이 단순히 유혹을 다루고 있는 것이 아니라 이를 넘어선 더 큰 다른 목적, 즉 독자들의 생각을 재검토하도록 요구하는 대담하고 독창적인 영역으로까지 자신의 생각을 발전시키고 추구할 목적으로 창작되었음을 이해해야 할 것이다. 그러나 1590년대 당시 던이 엘리자베스 여왕 시대에 궁정 이데올로기의 핵심적인 부분이었던 궁정식 사랑의 전통을 거부하고, 이를 노래하는 소네트 양식 대신 남성 화자의 힘과 지배를 강조하고 여성혐오적 경향이 두드러진 풍자시와 엘레지를 통해 궁정식 사랑의 전통을 전복시킨 행위는 다분히 정치적 함의를 지닌 것으로 생각될 여지가 있었음을 귀보리는 지적하고 있다(Guibbory 31-32). 즉 페트라르카적 전통을 반대하고 여성을 비하하면서 여성에 의한 지배를 전복시키고 남성의 주권을 회복하려는 이들 시는 여성 군주에

의해 지배되는 정치구조에 대한 불편한 심기가 반영된 것으로 볼 수 있으며, 나아가 이러한 상황을 전복시켜 남성의 우월성과 지배를 주장하려는 반동적인 성향을 지니고 있다는 것이다.

기존의 사회가 갖고 있는 제도와 관습에 대한 던의 저항과 도전은 그의 풍자시와 마찬가지로 『엘레지』에서 쉽게 찾아볼 수 있다. 여기에 실린 시들은 부정하거나 사회적으로 용인되지 않는 관계를 통해 부모나 아버지, 남편으로 대표되는 전통적인 권위에 맞서고 있다. 예를 들어 「엘레지 4: 향수」("The Perfume")는 어린 소녀와의 관계를, 「엘레지 1: 질투」("Jealousy")와 「엘레지 7: 자연의 풋내기 바보」("Nature's Lay Idiot")는 유부녀와의 관계를, 그리고 「사포가 필레니스에게」("Sappho to Philaenis")는 레즈비언의 사랑을 다루고 있다. 종종 이들 관계는 위험한 공적인 세계로부터 감추어진, 은밀하고 사적인 것으로 그려지고 있는 것이다. 사랑에 대한 지나친 이상화를 거부하고 사실적인 분석을 행한 오비디우스(Ovid)처럼 던은 인간이 동물과 공통된 본성과 육체를 지니고 있다는 생각에서, 사랑을 거의 몸과 같은 것으로 다루고 있다. 이들 시에서 남성 화자는 돈과 성행위에 대한 자신들의 관심을 솔직히 인정하면서 이상이 아니라 실제적인 것에 의해 움직이고 있다. 성적인 사랑의 중요성을 강조하는 「잠자리에 드는 연인에게」나, 궁정식 연애의 전통을 거부하고 사랑의 목표를 성행위에, 그에 도달하는 방법을 가장 저항을 적게 받는 길로 규정하는 「사랑의 진행」은 페트라르카적인 사랑을 반대할 뿐 아니라 르네상스기의 신플라톤적인 사랑관에 도전하고 있는 것이다.

남성의 욕망과 판타지: 「엘레지 6」, 「엘레지 16」, 「엘레지 20」

■ 던의 『엘레지』는 남녀 간의 성적인 문제를 다루고 있지만 어떤 특정한

연애 감정이나 관계에 초점을 맞추고 있지 않고 보편적인 야망과 정치와 권력의 세계를 다루는 경향이 있다. 따라서 이들 시는 남성과 여성의 본성과 역할에 관한 시이면서 동시에 양성간의 가족관계나 사회적 관계를 다루고 있다. 던의 『엘레지』에서는 남녀 간의 성역할과 정체성, 양성 관계 등 사회와 가정이라는 공간에서 일어난 변화를 비롯하여 17세기를 전후한 시기에 영국에서 일어난 이런 변화의 조짐들을 엿볼 수 있다. 당시 영국에서는 여성들이 어느 정도 경제적 · 사회적 자유를 획득하게 됨으로써 전통적인 젠더의 구별이 희미해지거나 무너지게 되고, 이는 사회의 붕괴와 성적 혼란을 야기할 수 있다는 두려움을 불러일으키게 된다. 던의 엘레지 시편들에 등장하는 여성은 때로 남성보다 더 대담하고 호색적이고 신의가 없는 인물로 묘사되며, 전통적으로 남성들이 지녔던 자질과 행동을 보여주고 있다. 이 장에서는 『엘레지』에 나타나는 남성 화자의 논리적 모순에 주목하면서 남성의 욕망과 판타지를 분석하는 것을 목적으로 한다.

지금까지 던에 대한 평가는 다양하게 이루어져 왔다. 벨(Ilona Bell)이 말한 바와 같이 던은 여성의 몸을 혐오하고 정신을 조롱한 여성혐오주의자로, 감성보다는 지성에 호소한 형이상학파 시인으로, 또는 자신의 이익을 위해 여성을 이용한 이기주의자이자 출세주의자(egoist and careerist)로 여겨져 왔다. 또한 자신의 시를 위해서라면 어떤 말도 기꺼이 하는 기지꾼이며 탁월한 언변을 소유한 수사가이며, 여성의 관점에 세심하게 귀 기울이는 연인과 같은 시인이라는 평가도 동시에 받아 왔다(Bell 201). 던이 이러한 다양한 평가를 동시에 받는 이유는 그의 시와 산문이 여러 장르와 관점과 다양한 등장인물들을 다루고 있으며, 그의 언어도 은유로 가득 차서 수수께끼같이 매우 난해하며, 여성에 대한 태도도 너무나 변화무쌍하기 때문이다. 따라서 독자는 그가 무엇을 생각하는지를 정확하게 알기 어렵고, 여성이나 젠더에 대한 지속적이고 일관된 관점을 알아내는 것도 거의 불가능하다.

던의 엘레지에 대한 연구는 1980년대 들어서 마로티(Arthur Marotti)의 연구로 새로운 전기를 맞게 되고, 이후로 피쉬(Stanley Fish)나 패터슨(Annabel Patterson), 귀보리(Achsah Guibbory) 등에 의해 다양한 연구들이 이어지게 된다. 이들은 『엘레지』에 등장하는 여성을 성애적 시각에서만 바라보지 않고, 던의 여성혐오적 경향이나 남성과 여성 간의 권력 관계 등에 초점을 맞추어 조명하고 있다. 페미니스트 학자들과 영국 르네상스 시대를 연구하는 역사학자들은 16세기에서 17세기 사이에 여성들이 독립의식을 가지고 양성의 역할에 대해 큰 관심을 가지게 된 여러 요인이 발생한 것으로 보고 있다(Benet 19-20). 결혼을 동반자의 관계로 여기고 가정에서의 여성의 도덕적 책임을 강조한 청교도적 이상도 큰 영향을 미쳤을 것이다. 또한 16세기 후반은 엘리자베스 여왕이 통치하던 시기라는 사실과 함께, 사회가 도시화되면서 여성이 비교적 자유를 누리게 된 것도 여성의 지위와 의식에 큰 변화를 초래한 요인으로 짐작할 수 있다(최재헌, 성 역할의 전도 274).

최근 비평가들은 던의 엘레지 시편들에 대해 해체주의와 페미니즘, 신역사주의 등 다양한 현대 비평적 방법론을 통하여 이전의 학자와 비평가들이 다루었던 문제들에 대한 논의를 지속적으로 탐구하고 다듬고 확장시켜 왔다. 이들 가운데 캐리(John Carey)의 전기적 접근은 던이 20대의 나이에 가톨릭을 버리고 개종함으로써 겪은 내면의 갈등을 그의 엘레지가 잘 반영하고 있다고 주장하며, 마로티는 던이 이들 초기시를 썼던 당시의 사회문화적 환경에 초점을 맞추고 있다. 전더(William Zunder)나 마로티 등은 이들 시편에 깔려 있는 사회 · 정치적 하부텍스트를 분석하여 엘레지에 반영되어 있는 당대의 지리적 발견, 탐험과 무역과 식민지건설의 상관관계, 다양한 계층 사이의 사회경제적인 관계 등을 규명하고 있다. 이와 함께 최근에는 젠더 문제가 시의 핵심적인 이슈로 다뤄지고 있다.

여성에 대한 던의 묘사는 전례(典禮)와 유형학, 신비철학 사상, 사도 바울의 교리가 그의 작품에 미친 영향뿐만 아니라, 던 자신의 성경 주석의 적용에 주목하면서 유대 기독교 신학의 관점에서 연구되어 왔다(DiPasquale 688). 던의 작품 속에 나타나는 여성 혐오의 문제에 대해 페미니스트 비평가들은 대체로 의견이 둘로 나뉘고 있다. 즉 벨이나 에스트린(Babara Estrin) 같은 비평가는 던의 시가 복잡하고 때로는 강력한 힘을 지닌 여성의 이미지를 담고 있으며, 뮐러(Janel Mueller)는 여성에 대한 던의 접근은 그가 쓰고 있는 장르에 따라 다양하다고 주장한다(142-58). 한편 도처티(Thomas Docherty)나 홀스턴(James Holstun), 하비(Elizabeth Harvey)를 포함한 다른 페미니스트 비평가들은 던의 작품이 여성 타자(Other) 혹은 여성의 목소리를 침묵시키고, 제한하고, 복종시키며, 식민지화하고 착취하고 있음을 밝히는 작업을 수행해 왔다. 이들 학자들에게 던의 여성혐오는 두말할 나위 없이 명백한 것으로 간주되었다. 그들은 "분별력이 있는 남성으로서의 던의 아이콘을 부수고, 그의 산문과 시의 음험한 작업을 밝히기 위해 모색"한다(DiPasquale 689). 한편 귀보리 같은 비평가는 『엘레지』와 같은 시들이 남성과 여성 사이의 관계뿐만 아니라 엘리자베스 여왕과 궁정에 대한 체제전복적인 공격을 은연중 담고 있음을 규명하기도 하였다(최재헌, 여성의 목소리 305-6). 스탠리 피쉬도 던을 자신의 언어의 남성적인 힘에 병적으로 사로잡혀 있는 인물로 진단하면서 이러한 부정적 평가에 찬성하고 있다.

『엘레지』에 나타난 남성의 욕망과 판타지를 분석하기 위해 특히 「엘레지 6」("Elegy 6: Oh, Let me not serve so")과 「엘레지 16: 그의 애인에게」("Elegy 16: On his Mistress"), 「엘레지 20: 사랑의 전쟁」("Elegy 20: Love's War") 등을 집중적으로 다루게 될 것이다. 이들 시는 모두 부정하고 믿음이 없는 여성에 대한 남성 화자의 불안감을 주제로 하면서 여성을 차지하고 지배하려는 남성 화자의 욕망과 판타지를 그려내고 있다. 「엘레지 6」은 사랑과 정치, 종교적인 용어가 같이 맞물려서 여성의 부정으로 받은 상처를 마치 종교적인 파문과 정치적인 소외로 깊이 절망하는 남성의 괴로움으로 복합적으로 대변하고 있다. 시의 남성 화자는 여성을 소유하려고 하지만 현실에서 느끼는 불안과 비난, 절망감을 기록하고 있다. 이 시에는 사적인 공간인 남녀의 애정관계가 공적인 영역의 정치, 사회의 전반적인 비판의식과 화자의 종교적 갈등으로 드러나 있다. 「엘레지 16」은 남성 화자가 영국을 떠나면서 애인에게 본국에 가만히 자신의 사랑으로 남아 있으라고 "남성적인 설득력"(masculine persuasive force)을 지닌 자신의 말로 설득하는 내용을 다루고 있다. 이처럼 「엘레지 16」 등의 시는 더 이상 남성의 지배를 받지 않는 여성의 모습에 초점을 맞추어 이를 부각시키고 있는데, 이들 공격적이고 반역적인 여성은 당시 격변하는 사회의 한 단면을 보여주는 특징 가운데 하나이다. 이들 시는 언어와 의복에 관련하여 당대 사회가 직면한 성 역할 구조의 유동성에 대한 남성의 불안감을 투영하고 있다. 던의 엘레지에서 남성이 여성을 소유하려는 욕망을 충족시키지 못하는 사실은 화자가 여성 군주 밑에서 펼치지 못한 자신의 야망이 좌절되어 괴로워하는 모습을 반영한다. 시에 등장하는 순종하지 않는 여성은 성을 구별하는 자연적이고 적당한 경계에 대한 위반자로 존재하며, 이런 이미지는 남성을 여성화하는 결과를 초래한다. 본 연구는, 엘레지 시편에서 던의 책략은 먼저 성의 구별을 흐릿하게 하는 것이 부자연스러움을 드러내다가 그런 경계를 복구해서 남성의 지배를 단언하는 것이었지만, 결국 시는 마지막으로 갈수록 전통적인 성역할을 위험스럽게 전복시키는 가능성을 가지고 있음을 밝히게 될 것이다. 던의 시에서 남성 화자가 여성을 공격하고 비하하는 것은 여성을 더 이상 지배할 수 없는 데 대한 불안감과 경계심, 그리고 전통적인 성역할이 도전받고 전복되는 데 대한 위기감을 드러내는 것이며, 이를 통해 남성으로서의 정체성을 확고히 하고자 하는 욕망의 발로라는 사실을 규명하려고 한다.

■ 여성을 섬기는 데 대해 던이 느끼는 불편한 감정은 사랑과 정치 사이의 풍부하고 복잡한 유추로 시작하고 있는 「엘레지 6」에 가장 잘 드러나 있다. 이 시는 단순한 사랑의 정복에 관한 이야기가 아니라 사랑과 정치와 종교가 얽혀 있다. 그러므로 석(Richard Sugg)의 주장처럼 남녀 간의 사랑 이야기를 통해 던이 정치적이고 종교적인 의도를 다소 분명하게 드러내고 있는 시로 해석할 수 있다(52). 이 시에서 남성 화자는 부정한 여성에게서 받은 마음의 상처와 괴로움을 마치 종교적으로 파문을 당하고 정치적으로 소외되는 것으로 묘사함으로써 종교적이고 정치적인 이미지를 통하여 사랑의 고뇌를 표현하고 있다. 화자는 연인으로서의 자신의 복종을 궁정 아첨꾼의 그것에 비유하면서, 페트라르카풍의 시에서 사랑에 빠진 남성이 아무것도 이루지 못하며 구애만 하듯이 그렇게 여성을 섬기지 않겠다는 말로 시작한다.

> 오, 내가 그렇게 섬기지 않게 하오, 저들이
> 명예의 연기가 살찌우기도 굶주리게도 하는 사람들을 섬기듯이.
> 위대한 사람들의 말과 용모로 서투르게 치장된.
> 저 맹목적으로 숭배하는 아첨꾼들처럼 그렇게
> 내 이름을 그대가 사랑하는 책 속에 쓰지도 마시오.
> 이들은 늘 많은 영지로 채워진 왕이 준 직위를 가지지만,
> 거기서 어떤 공물도 받지 못하고 다스릴 권세도 없지.
> 그들 스스로 대가를 지불할 그런 봉사를 나는
> 제공할 것이오, 나는 이름뿐인 직위는 싫소. 아, 그러니 나로
> 평범한 직을 수행하는 총신이 되거나 아니면 아예 총신이 되지 않게 하오.

> Oh, let me not serve so, as those men serve
> Whom honours' smokes at once fatten and starve;

Poorly enriched with great men's words or looks;
Nor so write my name in thy loving books
As those idolatrous flatterers, which still
Their prince's styles, with many realms fulfil
Whence they no tribute have, and where no sway.
Such services I offer as shall pay
Themselves, I hate dead names: oh then let me
Favourite in ordinary, or no favourite be. (1-10)

시작 부분부터 던은 국가에 봉사하는 것과 잠자리에서 행하는 성적인 서비스의 관계를 설정하면서 이들이 아이러니하게 서로의 의미를 밝히고 해석해 주는 것처럼 다루고 있다고 마로티는 파악한다(Marotti 56). 여기서 "섬긴다"(serve)라거나 "봉사"(service)라는 단어는 사랑하는 남녀 사이의 애정 표현을 뜻하면서 동시에 군복무나 종교 의식 등의 의미를 내포하고 있다. 던은 출세를 도모하는 궁정인이 왕이나 유력한 귀족 등에게 아첨하는 것을 "명예의 연기가 살찌우기도 굶주리게도 하는 사람들을 섬기듯이"라고 표현하며, 당시 유행하던 페트라르카풍의 시에서 사랑에 빠진 남성이 연인 앞에서 굽실거리며 과장된 표현과 미사여구를 동원하여 맹목적으로 숭배하며 아첨하는 현실을 비판한다. 그 대신 던은 여성에게 "그들 스스로 대가를 지불할 그런 봉사를 나는 제공할 것이오"라고 말한다. 즉 자신이 여성에게 사랑을 표시하면(pay) 그에 상응하는 대가를 지불받듯이 여성에게서도 보답을 받는 색다른 종류의 "봉사"를 제시하고 있는데, 귀보리도 지적하듯이 이는 분명히 성적인 서비스를 의미하는 것이다(Guibbory 824). 이를 통해 남성의 위엄이 회복되고 페트라르카풍의 시에서는 늘 여성에게 복종하던 그가 이제 주도적인 입장에서 여성을 지배하는 위치에 있는 것 같다. 그러나 이러한 지배력은 현실에서 이뤄진 것이라기보다는 남성의 욕망이자 판타지에 불과하며, 여전히 그의 애인은 변덕스럽고 부정한 여인임을 깨닫게 된다.

이 시에는 사적인 공간인 남녀의 애정관계가 공적인 영역인 정치, 사회의 전반적인 비판의식과 화자의 종교적 갈등으로 같이 드러나 있다. 화자는 당시에 유행하던 페트라르카풍 시의 남성 주인공을 궁중에서 여왕 폐하를 모시는 내시에 비유한다. 연인 앞에서 아첨을 하고 마음의 괴로움과 고뇌를 시로 토로하며 애인의 환심을 사기 위해 미사여구를 동원하는 남성들과 기존의 정치권에 아부하는 궁정인들을 동일선상에서 보고 있다. 던은 자신에게 사랑의 기쁨과 괴로움을 동시에 느끼게 하는 변덕스럽고 부정한 애인을 천국과 지옥 사이에 있는 "나의 연옥"(my purgatory; 13)이라며, 종교적 이미지로 사랑을 표현하고 있다.

이어서 긴 강의 이미지가 등장하는데, 성적인 욕망과 사회적인 야망이 뒤얽히면서 여성은 변덕스럽고 남성을 유혹하여 파멸시키는 강물로, 남성은 수로로 묘사된다.

> 수면 위에 흩여져 있는 부주의한 꽃들을
> 굽이치는 소용돌이가 빨아들이고, 키스하고, 포옹하지만,
> 그들을 수장시켜버린다오. 그처럼 빛나는 촛불의 눈은
> 요염하게 반짝이며 경솔한 나방을 손짓하여 부르지만,
> 날개를 태워버리지.

> So, careless flowers strowed on the water's face,
> The curled whirlpools suck, smack, and embrace,
> Yet drown them; so, the taper's beamy eye
> Amorously twinkling, beckons the giddy fly,
> Yet burns his wings. (15-19)

여성을 상징하는 물살은 남성을 상징하는 꽃을 "빨아들이고, 키스하고, 포옹"한다고 매우 공격적이고 직설적인 언어로 표현되고 있다. 이 물과 "소용돌이"가 매혹적인 몸짓으로 꽃을 빨아들이고 키스하고 포옹하지만 물속에 삼켜버리듯이, 그리고 요염하게 반짝이며 빛나는 "촛불"이 나방을 손짓하여 부르지만 날개를 태워버리는 것처럼, 호색적인 여성은 남성을 유혹하여 그의 힘을 무력하게 만드는 파괴적인 존재로 그려진다. 화자는 여성을 파괴적인 소용돌이나 시냇물로, 그리고 자신은 물결의 포옹에 물에 잠겨버리는 섬세하고 순진한 꽃으로 비유한다.

「엘레지 6」에서 소용돌이나 시냇물에 비유되는 기만적이고 현혹적인 여성은 전통적으로 남성적인 속성을 띠고 있다. 여성은 적극적이고 공격적인 반면, 남성은 상처받기 쉽고 수동적인 희생자이다. 처음에 이들은 서로 결혼한 사이로 조화롭고 부드러운 관계로 시작하나 이내 변화가 일어난다. 던은 남녀 간의 사랑을 물과 수로가 거칠고 격정적으로 부딪치는 현상으로 묘사하며 남성은 "결혼한 수로의 가슴"으로, 여성은 수로를 올라타고 흐르다가 이를 버리고 떠나버리는 시냇물에 비유한다.

> 내가 시냇물을 보면 이는 샘에서 발원하여
> 미심쩍은 멜로디로 졸졸 소리 내거나
> 말없이 졸면서 흐르다가 자신이 결혼한 수로의 가슴을
> 조용히 올라타고 나서는, 꾸짖고
> 눈썹을 찌푸리고, 만약 어떤 가지가 그녀의 위쪽 이마에
> 키스하려고 몸을 굽히기만 하면 부글부글 끓는다.
> 그러나 만약 그녀의 종종 갉아먹는 키스가
> 배반하는 강둑이 입 벌리게 하여 자신을 받아들이면
> 그녀는 격렬하게 돌진하여 자신을 결별시킨다,
> 그녀의 고향으로부터, 그리고 자신의 오랜 행로로부터.

그리고는 포효하고, 행로와 맞서고, 용감하게 비웃으며,
아첨하는 소용돌이 속에서 돌아올 것을 약속하며,
수로를 조롱하고 그 후로 수로는 말라버린다.
그래서 나는 말하오, 저 시냇물은 그녀, 이 수로는 나라고.

When I behold a stream, which, from the spring,
Doth with doubtful melodious murmuring,
Or in a speechless slumber, calmly ride
Her wedded channel's bosom, and then chide
And bend her brows, and swell if any bough
Do but stoop down, to kiss her upmost brow:
Yet, if her often gnawing kisses win
The traitorous bank to gape, and let her in,
She rusheth violently, and doth divorce
Her from her native, and her long-kept course,
And roars, and braves it, and in gallant scorn,
In flattering eddies promising return,
She flouts the channel, who thenceforth is dry;
Then say I: that is she, and this am I. (21-34)

수로를 흐르는 강한 물결처럼 여성은 남성에게 저돌적으로 접근하여 격렬하게 키스하고 포옹하다가 어느새 그를 비웃으며 비정하게 떠나간다. 속절없이 당하는 연인의 이미지는 그가 남녀 관계에서 처한 수동적인 위치뿐만 아니라 사회적 불안정도 느끼게 한다. 말라버리고 황폐화된 수로는 석의 말처럼 세속적인 야망을 이루는 것이 어둡게 보였던 1590년대에 던 자신이 처한 상황과 비슷하다고 할 수 있을 것이다(Sugg 52). 그런데 전

통적으로 남성적인 것으로 생각되던 속성을 여성에게 부여하고 있는 이들 구절이 주는 전반적인 효과는 남성과 여성의 전통적인 구분에 의문을 제기하기보다는 오히려 여성의 부자연스러움을 보여주며 양성간의 전통적인 구별을 강화하는 것 같다.

이처럼 「엘레지 6」에서 던은 반역적인 여성을 불이나 물의 이미지로 묘사하면서, 남성과 여성을 구분 짓는 자연스럽고 적절한 것으로 생각되던 경계를 깨뜨리는 인물로 그리고 있다. 여성이 남성적인 것으로 간주되던 모습을 취하면서 정작 남성은 꽃이나 물이 흘러서 지나가는 수로와 같이 여성화된 속성을 지니게 된다. 던의 전략은 먼저 양성을 구분 짓는 경계를 희미하게 하는 것이 자연스럽지 않다는 것을 인식시킨 뒤 이들 경계를 복구하고 남성적인 지배를 다시 주장하려는 데 있는 것으로 귀보리는 파악한다(Guibbory 826-27). 결국 시를 마무리하면서 화자는 그녀의 배신을 목격한 후 그녀에게 경고하면서 남성적인 권위와 지배권을 주장하고 있다.

하지만 그대의 심한 잔인함이 내 속에 자포자기한 절망을
낳게 하지 마시오. 왜냐하면 그것이 내 마음을 자극하여
경멸하게 할 것이기에. 아, 고통으로 무뎌진 사랑은
결코 현명하지도, 경멸처럼 잘 무장되지도 못한다오.
그러면 나는 새로운 눈으로 그대를 훑어볼 것이고,
그대 뺨에서 죽음을, 그대 눈 속에서 어두움을 보게 될 것이오.
소망이 믿음과 사랑을 낳지만, 이렇게 배운 나는
로마로부터 국가들이 떨어져 나간 것처럼 그대 사랑에서 떨어져 나갈
것이오.
나의 증오는 그대의 증오보다 더 커져서 완전히
나는 그대의 희롱을 포기할 것이오. 또 내가

국교 거부자인데 이런 결연한 상태에서
파문을 당한들 무슨 해를 입겠소?

Yet let not thy deep bitterness beget
Careless despair in me, for that will whet
My mind to scorn; and Oh, love dulled with pain
Was ne'er so wise, nor well armed as disdain.
Then with new eyes I shall survey thee, and spy
Death in thy cheeks, and darkness in thine eye.
Though hope bred faith and love; thus taught, I shall
As nations do from Rome, from thy love fall.
My hate shall outgrow thine, and utterly
I will renounce thy dalliance: and when I
Am the recusant, in that resolute state,
What hurts it me to be excommunicate? (35-46)

시작 부분에서 직함만 가지고 있지 실질적인 지배권은 하나도 행사하지 못하는 이들처럼, 남녀관계에서도 소문으로만 여성의 애인이지 실제로 그녀와 성적인 관계나 접촉을 갖지 못한 남성 화자의 불만은 후반에서도 나타난다. 그는 여성의 경멸과 증오를 자신의 경멸과 증오로 되갚음 하면서 그녀를 위협하고 있다. 그는 새로운 눈으로 여인을 조사하듯이 바라보면서(survey) 사랑의 병에서 치유되고 그녀와의 사랑의 유희를 포기할 가능성을 엿보인다. 그는 실질적인 아무 열매도 없이 여성에게 굽실거리며 오랫동안 좌절을 기꺼이 견디며 수동적으로 살아야 하는 페트라르카식의 구애를 거부하고 있는 것이다(Marotti 57). 그리고 여인의 사랑을 떠나겠다는 각오를 마치 로마 교황의 권위를 거부하고 그로부터 떨어져 나간 영국을 비롯한 여러 나라에 빗대어 하고 있다. 그러면서 종교적인 용어를 동원하여 "내가 국교 거부자인데 이런 결연한 상태에서 / 파문을 당한들 무슨 해를 입겠소?"라며 반문하는 남성 화자의 목소리에는 사랑하는 여인에게서 욕망을 충족시키지 못한 그의 불만 이면에 여성 군주 밑에서 자신의 정치적 야심이 펼쳐지지 못하고 좌절당한 데 대한 괴로운 심정이 감춰져 있다.

멀리 떨어져 있는 냉담한 애인에게 절망에 빠진 연인이 터무니없는 넋두리를 하는 상황에서도 화자는 마로티가 지적한 바와 같이 자신의 논리와 자율성을 내세우고 있다(Marotti 213). 그는 여성의 아름다움과 그녀가 그에 대해 행사하는 힘과 권력도 모두 그 자신에게 달려 있다고 경고한다. 「엘레지 6」에서 던은 여성을 미화하고 이상화하던 전통에 의문을 제기하면서 남성 연인이 애인에 대해 통제권을 지니고 있음을 보여주고 싶어 하는 것 같다. 이는 아마 화자가 바라는 바이고 그가 욕망하는 판타지일 것이다. 던은 문학적 전통에 대해 기지에 넘친 장난을 치고 있다. 그러나 사랑과 정치와 종교가 서로 얽혀 있는 이 시에서 이들 시행은 위험한 전복적인 가능성을 지니고 있다. 왜냐하면 사랑과 정치의 유사성을 이야기하면서 시작한 이 시에서 여인의 힘이 그녀 연인의 호의에 달려 있다면, 로마 가톨릭의 힘도 여러 국가가 기꺼이 동의할 때 있는 것이고, 이는 나아가 여왕의 권력도 영국 백성들의 뜻에 달려 있다는 것으로 해석할 수 있기 때문이다.

■ 「엘레지 16: 그의 애인에게」는 화자가 유럽으로 출장을 가게 되었을 때 애인이 남장을 하고 따라나서려고 하는 난감한 상황에서 여러 가지 이유를 들어 애인이 집에 머물도록 설득하는 내용이다. 전기적인 사실로 미루어 볼 때 이 여인은 던의 아내일 가능성도 있다(Fish 231). 그러나 이러한 극적인 상황은 15행에 가서야 밝혀지고 시의 첫 부분은 당시의 전통적인 사랑의 표현보다는 다소 도발적으로 시작한다.

우리의 첫 이상하고 운명적인 만남으로,
그로 인해 생긴 모든 욕망으로,
우리가 오랫동안 굶주린 희망으로,
내 말의 남성적인 설득력으로 인해
그대 안에서 생겨나는 죄책감으로,
첩자와 적들이 나를 위협한 상처의 기억으로,
내 조용히 간청하노라. 그러나 그대 아버지의 분노와
결핍과 이별의 모든 고통으로
내 그대에게 간절히 빈다오.

By our first strange and fatal interview,
By all desires which thereof did ensue,
By our long starving hopes, by that remorse
Which my words' masculine persuasive force
Begot in thee, and by the memory
Of hurts, which spies and rivals threatened me,
I calmly beg: but by thy father's wrath,
By all pains, which want and divorcement hath,
I conjure thee. (1-9)

화자는 사랑으로 인해 겪은 많은 어려움들, 그리고 위협하는 적군들과 고통에 대해 이야기한다. 이는 그들이 만날 때 느꼈던 욕망이고, 위협을 받으며 받은 상처이며, 분노의 표현으로 인한 고통 등 말로 인한 감정들이다. 특히 "아버지의 분노"라는 구절에서 앤 모어와의 비밀결혼으로 집안의 반대가 심했음을 느낄 수 있다. 그러나 남성 화자는 이러한 어려움과 반대와 위협을 과거에 상대 여성을 말로 설득하여 자신의 뜻에 따르게 했듯이 “내 말의 남성적인 설득력”으로 해결하려고 노력한다. 그렇다면 여성에 대한 자신의 지배권을 유지하고 자신의 정체성을 확고히 하는 수단은 바로 말의 힘에 있는 것이 된다. 이 긴 구문은 하나의 확장된 맹세로 볼 수 있는데, 과거에 한 여러 맹세를 생각나게 하는 이 맹세를 통해 화자는 여인을 달래고 설득하려고 안간힘을 쓰고 있다.

그러나 이처럼 반복적인 구문을 통해 여러 가지 이유를 들어가며 간청하고 있는 화자의 말은 과거만큼 효력이 없는 것 같아 보인다. 그는 여인이 남장을 하고 남성을 따라나서는 것은 “아주 위험한 방법”(ways so dangerous; 12)이니, “나의 가짜 급사 종이 아니라, 여전히 나의 참된 애인이 되어 주시오”(Be my true mistress still, not my feigned page; 14)라며 타이르고 있다. 그는 자신의 말로 설득해서 그녀로 하여금 정체성을 굳게 지키고 남자로 변장함으로써 혼란을 초래하지 않도록 하려고 한다. 그러나 이 모든 이유와 간청이 사실은 화자의 본심을 가리는 “아첨”(flattery; 25)의 말이라는 사실을 자신의 입을 통해 흘리고 있다. 그럼에도 불구하고 그는 또다시 “아무것도 숨기지 마시오. 사환으로도 말고, / 그대 몸의 옷도 마음도 바꾸지 마시오”(Dissemble nothing, not a boy, nor change / Thy body's habit, nor mind's; 27-28)라고 부탁하며, 만약 그녀가 남장을 하더라도 자신만 눈치채지 못하지 남들은 금방 이상한 것을 알아볼 것이라고 한다. 그래도 결국 남자로 변장해서 따라나선다면 “홍조 띤 여성다운 우아함을 나타내는”(A blushing womanly discovering grace; 30) 얼굴을 보고 당장 여자임을 알아차릴 것이라면서 유럽의 남성들이 얼마나 여성에게 위협적인 존재인지를 열거하며 겁을 주려고 애쓴다.

> 프랑스의 남성들은 변하기 쉬운 카멜레온,
> 성병을 치료하는 병원, 유행 상품을 파는 상점,
> 사랑에 불을 붙이는 자들이며 세상의 무대 위에 서 있는

가장 적절한 일행의 배우들,

이들이 그대를 즉시 알아볼 것이며, 그대를 알 것이다.

Men of France, changeable chameleons,
Spitals of diseases, shops of fashions,
Love's fuellers, and the rightest company
Of players, which upon the world's stage be,
Will quickly know thee, and know thee. (33-37)

변덕스러운 바람둥이 프랑스인들이 그대를 금방 알아보고 "그대를 알 것이다"라는 말은 남장한 사실을 알아차리고 겁탈을 할 것이라는 말이다. 한편, 이태리 사람은 남자건 여자건 가리지 않고 쾌락을 추구하는 자들이므로 그녀의 몸을 노릴 것이고, "수종병에 걸려 스펀지처럼 물먹은 화란인"(spongy hydroptic Dutch; 42)은 게걸스럽게 성적 욕망을 탐닉할 것이라고 겁을 준다. 이렇게 말하는 책략은 분명하다. 즉 그녀를 외국에 가지 못하도록 막는 인물은 화자 자신이 아니라 영국에서 전통적으로 변덕스러운 존재로 인식되어 온 프랑스인과 이태리 사람들이라는 것을 인식시키려는 의도이지만, 사실 화자도 이들과 다를 바 없음을 자신의 말을 통해 드러내고 있다.

화자는 "오 여기서 머무시오, 그대에게는 / 영국이 유일하게 가치 있는 대기실"(Oh stay here, for, for thee / England is only a worthy gallery; 43-44)이라며 애인이 자기 나라에 머물러 있도록 타이른다. 계속해서 화자가 애인이 따라오지 못하도록 설득하는 이면에는 외국에서 자기 혼자 성적 자유를 누리고 싶어 하는 마음이 깔려 있는 듯하다. 남성 화자는 남자 옷을 입고 변장하여 자신을 따라나서려는 여인을 설득하는 가장 효과적인 방법은 자신의 말로 설득하는 것이라고 생각하고 있다. 그러나 그의 "남성적인 설득력"이 과연 어느 정도 먹혀들지에 대해서는 상당히 의문스럽다. 이에 대해 최성희는 「엘레지 16」에서 "던은 이러한 남성의 지배력, 독립성, 남성성 등을 함의하고 있는 '남성의 설득적인 언어의 힘'이 오히려 그 언어적인 한계로 인하여 무효화됨을 제시함으로써, 남성의 정체성 이데올로기에 내재한 허구성과 취약성을 드러낸다"라고 적절한 평가를 내리고 있다(97). 시는 애인에게 영국에 남아서 그가 습격을 당해 죽는 꿈을 꾸고 비명을 지르고 슬퍼하지 말라고 당부하는 것으로 끝맺고 있다. 그러나 이러한 상황 설정 자체가 화자가 상상 속에서 생각해 낸 것이다. 그렇다면 자신의 말이 행사해 온 남성적인 설득력을 강하게 믿어 온 그가 꿈의 세계에서조차 그녀의 사랑을 받고 싶어 하는 절박한 심정에서 우리는 현실과는 너무나 동떨어진 좌절된 남성의 욕망과 판타지를 엿볼 수 있다.

■ 링컨 법학원(Lincoln's Inn)에서 공부하고 이거튼 경(Sir Thomas Egerton)의 비서로 일할 때인 1590년대에 주로 쓴 『엘레지』에서 던은 출세 지향적이지만 원칙과 신조를 지닌 인물로, 그리고 때로는 유혹하고 설득하는 연인으로 등장한다. 그리고 일부 엘레지에서는 여성의 신체에 대한 혐오를 표현하는 반면, 다른 엘레지에서는 정신적인 영광과 지적인 기쁨을 느끼게 하는 친밀한 관계나 성적 쾌락에 빠져들기도 한다(Bell 205). 젊은 법학원 시절 환경을 반영하면서 엘리자베스 시대의 사회, 경제, 정치적인 현실에 대해 비판하는 반 권위적인 작품으로 『엘레지』를 해석하고 있는 마로티는 이들 시가 젊은 날의 우상파괴적이고 때로는 냉소적인 경향을 보여주고 있음을 지적한다. 즉 그의 『엘레지』는 1590년대의 런던을 젊은 남성들의 연애 무대로 삼아서 법학원 학생의 현학적이고 재기 넘치는 스타일로 궁정을 중심으로 한 당대의 지배적인 사회적 · 문학적 양식에 맞선 작품이라는 것이다(Marotti 44-45). 이들 시편에서 던은 정중한 어법 대신 솔

직하고 직접적인 화법을 사용하고, 여성을 이상화하면서 공손히 굽실거리지 않고 성적 리얼리즘으로 공격적인 남성적 자기 확신을 드러내 보여주고 있다.

남녀 간의 사랑을 전쟁에 비유한 「엘레지 20: 사랑의 전쟁」은 1633년판에서 출판허가가 거절된 시들 중 하나로 1802년에야 처음으로 출판되었다. 사랑의 전쟁과 무기를 가지고 싸우는 전쟁, 즉 사랑의 여신 비너스(Venus)의 전쟁과 군신 마르스(Mars)의 전쟁을 비교하면서 다루는 것은 르네상스 시대 글쓰기에서는 흔했다. 이 시를 쓴 것으로 추정되는 1590년대에 던은 시와 여흥에 몰두하면서 신학도 깊이 탐구하고, 군대의 원정에도 참가하면서 출세를 모색하는 등 다채로운 삶을 살았다. 1635년 출판된 『시집』(*Poems*)에 실린 1591년 던이 18세가 되던 시기의 초상은 떡 벌어진 어깨에 손에는 칼을 들고 십자가 모양의 귀걸이를 뽐내는, 포스트(Jonathan Post)의 말처럼 학자보다는 군인과 같은 인상을 받게 한다(3). 던은 실제로 1596년 6월부터 1597년 9월까지 에섹스(Essex) 백작이 이끈 카디즈(Cadiz)와 아조레스(Azores)로의 군대 원정에 참여한 적이 있다. 이 당시 많은 사람들에게 군대에 복무하는 것은, 현실적으로 실현 가능성은 낮았지만, 부와 승진과 명예를 얻는 수단으로 생각되었다. 그리고 에섹스와 같은 유력한 귀족의 눈에 들면 후원을 받게 되고 관직에 나아갈 기회를 얻는 경우도 있었다. 던이 어떤 이유로 이 스페인 공격작전에 가담했는지는 확실히 알 수 없지만 그가 군인의 삶과 전쟁에 상당한 매력과 관심을 가지고 있었음은 분명하다.

이 「엘레지 20」은 사랑의 전쟁을 실제 영국과 주변국의 정치적 상황에 빗대어 풀어나가고 있다.

내가 그대와 화평할 때까지, 다른 남자들과는 전쟁을 하며,
그리고 내가 평화를 누릴 때, 그때 내가 그대를 떠날 수 있겠소?

모든 다른 전쟁은 정당한지 여부가 의심스럽지만, 그대만은
오 아름답고 자유로운 도시여, 누구에게라도
자신을 허용해도 좋으리.

Till I have peace with thee, war other men,
And when I have peace, can I leave thee then?
All other wars are scrupulous; only thou
O fair free city, mayst thyself allow
To any one. (1-5)

화자는 "아름답고 자유로운 도시"인 자기 애인이 국제적인 분쟁 없이 마음에 내키는 자를 선택하여 사랑에 탐닉할 수 있다며 여성의 부정함을 꼬집고 있다. 이어서 프랑스의 급격한 변덕에 대해 경멸하는 구절이 나오는데 이는 시인이 젊은 시절 겪었던 종교적 갈등을 엿보게 한다. 당시 프랑스의 정책은 구교도인 알리 3세가 서거하고 신교도인 앙리가 등극하였으나 그가 다시 가톨릭으로 개종함으로 인해 어지럽게 바뀌었다. 이처럼 "현기증 날 정도로 변덕스러운 프랑스는 심지어 / 우리 백성들과 더불어 우리의 하나님까지 증오하오. / 그러나 아직도 그들은 절대 돌아오지 않을, 단지 떨어질 뿐인 / 우리의 천사에 온전히 의지하고 있소"(France in her lunatic giddiness did hate / Ever our men, yea and our God of late; / Yet she relies upon our angels well, / Which ne'er return; no more than they which fell; 9-12)라며 단지 세속적 욕심을 채우기 위해 종교를 택하는 자들을 비판하고 있다. 영국의 엘리자베스 1세는 앙리가 가톨릭으로 개종할 때 영국 금화로 원조하였던 사실을 들어 천사가 새겨져 있는 영국 금화와 같은 돈을 바라고 한 프랑스 왕의 개종을 비하한다.

시의 초반에 다뤄지는 프랑스와 영국과 아일랜드의 얽히고설킨 지배와

반란과 전쟁의 역사는 29행 이후에 겹쳐지는 성적 이미지를 더욱 강하게 만들고 있다. 특히 남성의 전유물이라 할 수 있는 전쟁에서 무기란 여성과 관계를 할 때의 남근(phallic symbol)으로 여겨져 남성의 공격적인 여성 침략 이미지가 더욱 강하게 나타나고 있다. 애인은 포위된 성으로, 그리고 자신은 이 성을 공격하는 군대에 비유하면서 "여기서 나를 싸우게 해 주오. 이 무장 속에 나를 두오. / 여기서 내가 협상하고, 싸우고, 피 흘리고, 죽게 하오"(Here let me war; in these arms let me lie; / Here let me parley, batter, bleed, and die; 29-30)라고 화자가 말할 때 전쟁을 하게 해 달라는 내용으로 들린다. 그러나 사실은 그녀의 두 팔(arms)에 안겨 잠자리를 같이할 수 있게 해 달라는 간청이다. 남성의 성기(phallic missiles of lovers)로 해석될 수 있는 "무기"(arms)가 이제는 기다리다 지쳤으니 "자신을 눕게 해 달라"(let me lie)는 말로 읽힌다. "협상하고, 싸우고"라는 표현도 전쟁 행위와 마찬가지로 애인과의 사랑의 행위와 전희의 장면을 연상시키며, "피 흘리고, 죽게 하오"는 여인과 잠자리를 같이한 후에 남성의 성적 흥분이 죽는 모습을 아주 적나라하게 나타내고 있다.

단지 실제 전쟁과 사랑의 전쟁이 다른 점이 있다면 "다른 이들은 그들의 휴식을 얻으려 싸우지만 / 우리는 다시 싸우기 위해 쉴 것이오"(Other men war that they their rest may gain, / But we will rest that we may fight again; 33-34)라는 점이다. 지금까지 시인은 자기 애인을 청자로 상정하고 이야기해 왔다. 그런데 이 부분에서 화자는 일인칭 복수 대명사를 애매하게 사용함으로써 내적인 청자와 외적인 청자의 구분을 흐리게 하고 있다고 마로티는 지적한다(Marotti 55). 여기서 앞의 "we"는 화자와 그의 애인을 지칭한다면, 두 번째 "we"는 화자 혹은 시인 자신도 거기에 가담하고 있는 성적이고 군사적인 모험을 행하는 집단을 의미한다고 할 수 있다. 이렇게 본다면 화자는 애인을 상대로 이야기하는 것을 넘어서 자신이 이야기하는 군대의 전쟁에 관한 내용과 남성의 진한 성적 농담을 이해하는 남성 청중을 대상으로 이야기하고 있는 듯하다. 화자는 계속해서 성적 편이 가득한 표현으로 두 전쟁 사이의 차이점을 열거한다.

> 전자는 무지한 전쟁이고, 후자인 사랑의 전쟁은 경험 있는 사랑이라네,
> 거기서 우리는 항상 아래에 있고, 여기서는 위에 있지.
> 그곳의 대포 같은 무기는 바로 진정한 공포를 낳지만,
> 거의 밀고, 쑤시고, 찌르고 해도 여기선 총알이 해치지 않지.
> 그곳에선 눕는 것이 잘못이지만, 여기선 안전하게 납작 엎드린다.
> 거기선 남자들이 남자를 죽이지만, 우린 점점 하나가 되리.

> Those wars the ignorant, these th' experienced love,
> There we are always under, here above.
> There engines far off breed a just true fear,
> Near thrusts, pikes, stabs, yea bullets hurt not here.
> There lies are wrongs, here safe uprightly lie;
> There men kill men, we'will make one by and by. (35-40)

전쟁터에서 항상 아래에 있다는 말은 상급 장교의 명령을 받는다는 사실을 말하고, 여기서는 위에 있다는 구절은 체위를 의미하거나 육체적 상태가 우월하다는 의미인 것 같다. 전쟁터에서 눕는 것은 잘못된 것이지만 여기서는 반듯하게 눕는다는 표현에서 "lie"를 "눕다"로 보고 "upright"를 "곧추선"으로 보았을 때 이것은 남성의 성기가 발기된 채로 침대에 누워 있는 것을 연상시키는 지극히 성적 이미지가 강한 구절이다. 군대 간의 전쟁에서는 서로를 파괴적으로 죽이지만, 사랑의 전쟁에서는 하나가 됨으로써 자식도 낳을 수 있어서 건설적이라고 주장한다. 시는 "그렇다면 나는 남자들을 집에 머물게 함으로써 보다 영광스러운 봉사를 하게 하는 것

이 아닌가?”(shall not I do then / More glorious service, staying to make men?; 45-46)라며 사적인 사랑과 전쟁이라는 공적인 의무 사이의 갈등 사이에서 병역의 의무를 다하는 군인을 성적인 서비스를 하는 연인들보다 못한, 그들 아래에 있는 것으로 결론을 내리고 있다. 이 시에서 군인으로서 전쟁에 참여하는 “복무”(service)라는 말은 왕과 국가를 위해 수행하는 공적인 행위를 의미한다. 그런데 던은 엘레지에서 그의 전형적인 논리로 재치 있게 군복무를 사랑의 봉사보다 격을 떨어뜨리고 있다. 이처럼 던은 마로티의 말처럼 역설과 오비디우스식의 엘레지 전략을 통해 군대에 참가하는 모험과 전쟁을 미화하는 경향을 전복시키면서 지나친 낭만적 요소를 없애고 있다(Marotti 56).

■ 던에게 젠더 문제는 아주 복잡하고 혼란스러운 문제였으며, 여성과 성 역할에 대한 그의 태도는 상황과 청중에 따라 다양한 입장을 취하고 있다. 그는 아날로지와 은유를 통해서 솔직하게, 때로는 간접적으로 여성과 남녀 간의 성 역할에 관하여 지속적으로 글을 남기고 있다(Bell 201-2). 그러나 던은 동시대나 이전의 시인들과 달리 좀처럼 여성의 신체적 외모를 묘사하는 데 머물지 않는다. 많은 비평가들이 일반적으로 던의 시에 등장하는 여성은 남성 욕망의 대상이나 반영으로서 자기 목소리를 가지지 않는 그림자 같은 인물로 평가해왔다. 그러나 이런 평가에 대해 최근의 페미니스트 비평가들은 여성에 대한 던의 태도를 재조명하면서 던의 시에서 여성을 무시하거나 육체도 없는 존재로 만든 것은 던이 아니라 바로 비평가들이었음을 지적한다.

던의 시는 여성에 대한 생각에 사로잡혀 있다. 몇몇 그의 엘레지 시편은 여성을 기만적이고 지조가 없으며 추하고 비이성적이라고 조롱하고 비난한다. 또한 어떤 시는 여성을 감성적이고 지적이고 영적인 활력을 가진 존재로 노래한다. 던의 연애시는 남성 화자의 독백 형식을 취하고 있는 시가 많기 때문에 남성의 욕망과 판타지를 드러내며, 이 “남성적인 설득력”이 있는 말의 힘에 여성은 종속된다고 주장한다. 그러나 던은 자신의 생각에 몰두할 때조차도 시에서 상대방인 남성 친구나 여성 후원자, 연인, 신 등과 끊임없이 대화하는 모습을 볼 수 있다.

그렇다면 던은 여성을 잔소리가 많고, 기만적이고, 정조 관념이 없는 존재로 경멸하는 반페미니스트적 생각을 반영하고 있는가? 여성을 음탕하고 기만적으로 그리고 있는 많은 시에서 던은 남성도 이들 여성만큼이나 도덕적으로 경멸받을 만하게 다루고 있기 때문에 이러한 도덕적인 비난이나 풍자는 남성이나 여성을 두고 한 것이라기보다는 그 시대에 대한 전반적인 성격을 띠고 있다고 해석하는 것이 옳을 것이다. 던에 대한 비평가들의 다양한 견해는 그들이 어떤 작품을 강조하느냐에 달려 있다. 그리고 던이 여성 혐오증을 가졌는가 하는 데 대한 독자들의 인식도 그들의 역사적 환경과 이론적 배경, 그리고 그들이 보고자 하는 욕망에 의해 결정된다고 말할 수 있다.

레즈비언의 사랑과 성차(sexual difference): 「사포가 필레니스에게」

■ 던의 시 가운데는 특이하게 레즈비언의 사랑을 노래하고 있는 「사포가 필레니스에게」("Sappho to Philaenis")라는 시가 있다. 던의 많은 작품 가운데에서뿐만 아니라 르네상스 시대 문학 전체에서도 매우 특이한 자리를 차지하고 있는 이 시는 그동안 비평가들에게 무시를 당해 왔다. 그러다가 최근 10여 년을 전후하여 이 시에 대한 본격적인 연구가 활발히 이루어지고 있는데, 이는 젠더에 대한 높아진 비평적 관심과 무관하지 않은 것으로 보인다. 이 시에 대한 대표적인 선행연구가들로서는 하비(Elizabeth Harvey)와 홀스턴(James Holstun), 뮐러(Janel Mueller), 블랭크(Paular Blank), 코렐(Barbara Correll), 인펜티(Cecilia Infante) 등을 들 수 있을 것

이다. 이들의 연구는 주로 던의 사포를 오비디우스(Ovid)와 비교한 앨런(D. C. Allen)의 접근 방식을 따르고 있다.

남성 시인이 여성을 대변하면서 동시에 여성으로서 말하는 이 시에서 던이 여성의 목소리와 성을 어떻게 재현하고 이용하고 있는가 하는 문제에 대해서는 상당한 논란이 계속되고 있다. 지금까지의 연구들은 주로 던의 시와 사포의 현존하는 시를 비교하여 연구하거나, 던이 사포를 오비디우스 식으로 모방하거나 복화술(ventriloquism)을 쓰듯이 사포를 사용하고 있는 점을 설명하는 등 상호텍스트성의 관점에서 행해져 왔다(Infante 94-5; Blank 358-68; Mueller 103-34; Holstun 835-67; Harvey 116-39). 그러나 여기에서는 「사포가 필레니스에게」를 통해 남성 시인 던이 여성을 대변하면서 동시에 여성으로서 말하는 시에서 여성의 목소리와 성을 어떻게 재현하고 이용하고 있는가 하는 문제를 집중적으로 조명하려고 한다. 이렇게 하여 영국의 르네상스 문학에 등장하는 욕망의 세계와 성의 정치학을 규명하고, 나아가 그동안 침묵당하고 금기시 되었던 레즈비언의 욕망이라는 주제를 젠더 문제와 함께 다루게 될 것이다.

그리어슨(Grierson)은 자신이 편집한 존 던 시집에서 「사포가 필레니스에게」를 '영웅체적 서간'(Heroical Epistle)이라고 부르며 『엘레지』 시편 바로 뒤에 두었고, 스미스(Smith) 역시 이 시를 「엘레지 20: 사랑의 전쟁」("Elegy 20: Love's War") 다음에 두어 마치 엘레지 21번처럼 취급하고 있다. 그러나 헬렌 가드너(Helen Gardner)를 비롯한 많은 비평가와 편집자들은 이 시가 다른 몇 편의 시와 함께 과연 던의 시인가 하는 데 대해 의문을 제기하기도 한다. 이들은 그 근거로서 문체가 단조롭고 주제가 상이하다는 등 텍스트상의 증거를 내세우지만, 사실은 이 시가 다루고 있는 레즈비언 사랑이라는 주제에 대한 도덕적인 거부감이 보다 크게 작용한 것으로 보인다.

작품의 진위조차 의심받으며 소홀히 다루어지던 이 시가 다양한 관점에서 주목받고 연구되기 시작한 것은 최근의 일이다. 캐리가 "여성 동성애를 다룬 영어로 씌어진 최초의 시"(Carey 270-71)라고 일컬은 「사포가 필레니스에게」는 그리스 레스보스(Lesbos) 출신의 저명한 여류시인 사포(Sappho, b. 612 BC)가 그녀의 레즈비언 연인에게 보내는 편지 형식의 시다. 이 편지는 여성들 사이의 성적인 결합과, 남성들을 배제한 그들 간의 사랑으로 창조되는 이상적인 세계를 묘사하고 있다. 사포가 다른 여성들에 대해 쓴 시들 때문에 '레즈비언'(lesbian)이라는 단어가 '사피즘'(Sapphism)과 함께 여성의 동성애를 일컫게 되었다(Smith 452). 레즈비언 연인에 대한 이 편지는 유명한 연인들이 주고받은 편지로서 성애를 다룬 재치 있는 시들인 오비디우스의 영웅적인 서간 『헤로이즈』(*Heroides*)를 모델로 하고 있다. '용감한 여인들'이라는 뜻을 지닌 이 책은 서사시의 영웅들을 사랑했으나 버림받은 여성들에 의해 쓰여진 다소 성애적인 사랑을 내용으로 하는 편지 모음집으로서, 편지를 쓴 가상의 주인공들은 사포를 제외하고는 모두 신화상의 여성들이다. 이들 여성들 가운데서 사포는 플라톤(Plato)이 10번째 뮤즈라고 일컬을 정도로 뛰어난 시인으로, 롱기누스(Longinus)는 문체의 숭고함을 찬양했으며 호라티우스(Horace) 역시 그녀의 시를 높이 평가했다. 오늘날에도 에이미 로웰(Amy Lowell)과 H.D. 같은 많은 시인들이 사포가 자신들의 시에 큰 영향을 미쳤음을 이야기하고 있다.

이 오비디우스의 서간집은 이후 사포의 이미지에 결정적인 역할을 하게 된다. 솔직하고 열정이 넘치는 사포의 시는 중세와 르네상스 시대에 이르기까지 많은 극작가들의 조롱의 대상이 되었으며, 부도덕하고 음탕한 사랑을 풍자하는 데 이용되곤 하였다. 오비디우스의 『헤로이즈』 15번째 편지에 따르면 사포는 아름다운 소년 파온(Phaon)을 사랑하였으나 그 사랑이 받아들여지지 않자 절망하여 절벽에서 자신의 몸을 던져 바다에 빠져 죽은 것으로 되어 있다. 이 이야기는 여러 시인들에 의해 다루어졌으나 자서전적인 서사의 목소리로 비교적 상세하게 들려주는 오비디우스가 쓴 사포의 이야기만이 현재 남아 있다. 오비디우스의 사포 편은 파온이 자신을 무시하는 상황에서 열정적이고도 굴욕적으로 보이기까지 하는 사랑의 갈망을 표현하고 있다.

그러면 여기서 사포가 어떤 인물이었는지에 대해 잠시 살펴보기로 하자. 사포는 명문 귀족 출신으로 부유한 상인과 결혼하여 클레이스(Cleis)라는 딸 등을 두었다는 것 외에는 그녀의 생애에 대해서 별로 알려진 것이 없다. 유복했던 그녀는 문학과 예술을 공부하며 지낼 수 있었는데, 그녀가 태어나고 자란 에게해 동부 소아시아 연안의 큰 섬 레스보스는 기원전 7세기 당시 문화의 중심지였다. 사포는 그리스의 여러 지역을 여행하였으며 정치적 분쟁을 피하여 한때 시칠리아에서 살기도 했으나 생애의 대부분을 이 레스보스에서 지냈다고 한다. 그녀의 작품 가운데 현존하는 것은 몇 개의 단편밖에 없다. 사포의 시는 길고 짧은 각종 아이올리스풍 시형을 사용하여 사랑의 여신 아프로디테와 결혼의 여신 헤라 등 여러 신에 대한 제사와 기도의 시를 남겼다. 그리고 사포 자신의 사랑과 이별을 포함한 사랑에 빠진 영혼의 아픔과 하소연 등 개인적인 정서를 노래한 시나, 신랑과 신부를 칭송하는 결혼 축하의 노래 등 주로 젊은 여성의 체험에서 나온 시를 썼다. 간결하고 세련된 어휘와 레스보스의 독특한 방언으로 쓴 이들 시 가운데 다수는 놀랄 만큼 대담한 동성 사이의 사랑과 욕망을 표현하고 있다.

그 시대의 관습에 따라 여류시인인 사포는 수금(lyre)이라는 현악기의 반주에 맞춰 자신의 시를 노래했기 때문에 서정시인(lyrist)으로 불렸다. 사포는 당대에 유행하던 서정시의 기법과 문체에 혁신을 가하여 보다 세련된 '사포 시체'(sapphic)를 창조했는데, 신과 뮤즈의 관점에서 씌어지던 시를 시인 개인의 시각에서 노래함으로써 그리스 서정시에 새로운 물결을 일으켰다고 한다. 사포는 말하자면 사랑과 상실의 아픔을 일인칭으로 개인적인 관점에서 노래한 최초의 시인이었다고 할 수 있다. 사포의 문체는 선율이 아름답고 육감적이었으며 사랑이나 동경과 회상 같은 내용을 담고 있는데, 그녀가 사랑한 대상은 주로 자신에게 예술을 배우러 왔던 여성들이었다는 점이 특이하다. 그러나 동성애를 노래한 그녀의 시가 그 당대에는 별로 비난을 받지 않았다는 사실로 미루어 볼 때, 여성들 사이의 사랑을 욕하거나 박해하기 시작한 것은 훨씬 후대의 일이었음을 짐작할 수 있다.

사포의 시는 기원전 2세기 무렵 알렉산드리아의 학자들에 의해 내용과는 상관없이 시형별로 9권의 시집으로 편집되었다. 이후 그녀의 시는 로마 시인 카툴루스와 호라티우스 등에 의해 번역되기도 하고 시형이 라틴 시에 도입되는 등 로마시풍에 큰 영향을 끼쳤으나, 이들 중 완전한 형태로 남아 있는 원작은 한 편밖에 없고 그 외에는 모두 단편 형태로만 존재한다. 그 원인은 그동안 원고가 소홀히 취급되었거나 자연 재해 때문이기도 하겠지만, 편협한 학자들에 의한 검열이 큰 역할을 했을 것으로 추정할 수 있다. 그러나 19세기 말부터 나일 계곡에서 발굴된 유적과 이집트의 파피루스 문서에서 많은 사포의 단편이 발견되어 그녀의 언어와 시작법 등에 관한 특징들이 밝혀지게 되었다. 소실된 부분에 대한 추측과 원고 내용에 대한 번역자의 시각에 따라 번역이 다양한 모습을 띠기는 하지만 오늘날에는 사포의 단편에 대한 번역들을 접할 수 있게 되었다.

사포는 자신의 여러 시에서 소녀들에 대한 열렬한 사랑의 감정을 밝히고 있으나, 오비디우스는 사포가 자신을 무시하고 경멸하는 남성 파온을 사랑하는 것으로 그림으로써 사랑의 대상을 동성에서 이성으로 돌려놓고 있다는 사실이 흥미롭다. 즉 사포가 자신의 사랑을 받아주지 않는 파온을 위해 이전의 매혹적인 레즈비언 소녀들을 경멸하도록 하며, 이성에 대한 사랑을 더 좋아하여 이전의 동성애를 억제하도록 하고 있는 것이다. 이렇게 해서 사포의 노래는 오비디우스가 창조한 파온의 이야기를 통해 침묵당함으로써 사포는 성적으로 그리고 시적으로 남성에게 종속을 당한다고 할 수 있다. 다시 말해서 사포는 파온의 성적 매력 앞에 굴복 당하고 오비디우스의 시적 권위에도 정복되는 것이다. 이 오비디우스의 이야기에서 우리는 사포라는 여성의 목소리를 사용하여 연애시인으로서 자신의 입지를 굳히려는 오비디우스의 욕망과, 이 내러티브 속에 실재 사포의 목소리에 반하는 오비디우스가 꾸며낸 목소리가 존재한다는 사실에 유의할 필요가 있다.

오비디우스는 파온에게 무시당하고 버림받은 사포의 슬픔을 표현하기 위해 원래 '사포 시체'라고 불리는 서정시의 양식으로 되어 있던 사포의 시를 엘레지 형식으로 바꾸고 있다. 그는 사포의 입을 통해 이야기하면서 엘레지 형식의 2행 연구(couplet)를 선호하여 원래 시의 사포풍의 운율과 시체를 바꾸고, 그리스어를 라틴어로 번역하고, 여성 시인에서 남성 시인으로 젠더에 변화를 주고 있는 것이다. 이러한 과정을 겪었기 때문에 시에서 말하고 있는 화자는 과연 누구인가 하는 것이 문제가 될 수밖에 없다. 엄밀하게 이야기할 때 시의 화자는 사포도 오비디우스도 아니고, 사포와 오비디우스의 목소리가 양피지(palimpsest) 위에 겹쳐서 씌어진 것과 같다고 할 수 있을 것이다. 오비디우스는 여성 인물을 통해 침묵하는 여성의 위치에서 이야기하지만, 여성의 욕망이 뒤틀리고 희화화되어 표현되면서 그 목소리는 진정한 여성의 목소리라고 하기보다는 양성일체(hermaphrodite)의 성격을 띠고 있다. 그는 사포의 목소리를 자신의 목소리에 종속시키면서 그녀를 자신의 시적 목적을 위해 이용하는 것이다.

■ 던의 『엘레지』 시편들의 저작 연대는 대략 1590년대 중엽에서 말로 보이는데, 이 16세기 말에는 던의 「사포가 필레니스에게」처럼 남성 작가들에 의해 여성들의 사랑의 하소연이나 불평이 씌어진 예가 많다. 이 경우 매개로 사용된 여성 인물 속에 남성 작가 자신의 목소리와 그 시대의 남성 중심적 전통이 스며들기 마련이며, 여성 인물은 침묵하는 대상으로 전

락하고 단지 남성 작가의 시학과 이데올로기를 대변하는 역할만을 수행할 가능성이 많다. 인펜티는「사포가 필레니스에게」에서 사포라는 인물이 마치 작가가 이전에 씌어 있던 글자를 지우고 그 위에 자신의 목소리를 새로 적는 양피지 기능을 하고 있음을 밝히고 있다. 그리고 이러한 방식을 통해 던이 그 시대에 여성작가들이 일반적으로 당하던 무시와 사포 같은 레즈비언에게 가해질 검열의 위험을 무릅쓰고 여성의 목소리를 선택하여 이야기하고 있음을 추적하고 있다(Infante 93-94).

이 시의 형식과 사포의 목소리는 던이 창조한 것이라기보다는 오비디우스의『헤로이즈』15번째 편지인「사포가 파온에게」에서 빌려온 것이다. 오비디우스는 사포가 편지를 쓰는 형식을 빌려서 자신의 입은 움직이지 않고 마치 다른 꼭두각시가 말하는 것처럼 하여 말하는 복화술을 쓰듯이 그녀의 목소리를 이용하고 있다. 이렇게 오비디우스가 그려 내는 사포의 편지는 어느 것이 진짜 사포의 글이며 어느 것이 꾸며낸 디스코스인지 경계를 흐리게 하면서 사포 자신의 말에 대한 진실성과 권위를 약화시키고 있다. 앞서 언급한 바와 같이 오비디우스의『헤로이즈』에서 사포는 미소년 파온(던의 시에서는 파오[Phao])의 사랑을 얻지 못하자 자살하지만, 던은 이 이야기를 그대로 따르지 않고 있다. 즉 던은 사포가 파온을 사랑하는 것으로 만들어 놓은 오비디우스의 이야기에서 레즈비언으로서의 사포의 정체성을 회복시키면서 동시에 자신의 목소리를 그 속에 담고 있는 것이다.

남성 작가가 여성의 목소리를 통해 말한다는 사실은 젠더 문제와 밀접하게 관련되어 있으며, 여성이 글을 쓰고 말하는 데 대한 시대적 인식이나 분위기와도 관계가 있다. 더욱이 텍스트가 사포와 연관이 있다는 사실로 인해 이 문제는 한층 복잡하고 깊어지게 된다. 왜냐하면 서구 문학에서 여성의 동성애를 다룬다는 것은 바로 검열의 대상이 됨을 의미하기 때문이다. 근대 초기 영국의 문학작품에 나타나는 레즈비어니즘에 관한 연구에서 홀스턴은 문학작품에 뿐만 아니라 법정의 기록이나 철학 책자에조차 여성 동성애에 관한 자료가 거의 존재하지 않는다는 사실에 주목하면서, 그 예외적인 작품 가운데 하나로 던의 레즈비언 사랑을 다룬 엘레지인 「사포가 필레니스에게」를 들고 있다. 그는 남성 동성애에 관해서는 많은 자료가 있음에도 불구하고 여성 동성애에 대한 언급은 찾아보기 힘든 현상의 이면에는 그 당시 사회에서 이들 레즈비언들이 함께 모일 자유가 주어지지 않았다는 사실과 함께, 여성의 목소리를 없애고 여성 동성애에 관한 담론 자체를 억누르고 의도적으로 침묵시키려는 전략이 존재하는 것으로 파악하고 있다(Holstun 835-36). 더욱이 던이 살았던 근대 초기 영국에서는 '레즈비언'이라는 단어 자체가 아직 통용되지 않았다는 사실은 시사하는 바가 크다.

던은 자신의 시에 제목을 붙인 경우가 극소수에 불과하며, 「사포가 필레니스에게」라는 제목도 던이 아니라 필사자가 붙였을 가능성이 높은 것으로 연구가들은 보고 있다. 이 시에서는 시의 화자가 사포임을 언급하는 부분이 없으며, 그가 여성임을 밝힌 구절도 찾아볼 수 없다. 다만 화자가 동성의 연인과 사랑에 빠졌다는 사실은 분명하게 말하고 있다. 그럼에도 불구하고 만약 시로 쓴 편지글인 「사포가 필레니스에게」의 화자가 사포라고 인정한다면 오비디우스가 말하는 전설에 조정을 가하는 것이 불가피해진다. 즉 던의 시의 화자는 파오와 헤어진 것을 다행으로 여기는데, 이것은 지금 같은 여성인 필레니스에게서 영원한 사랑을 발견한 기쁨에 잠겨 있기 때문이다.

그렇다면 던은 왜 이 시를 가상적인 사랑의 편지 형식으로 썼을까? 더 나아가 왜 이 시가 던의 다른 시들에 비해 문체가 상이하며, 남성으로서의 시인 자신의 목소리를 드러내지 않은 채 레즈비언이었던 그리스 여성 시인의 목소리로 말하고 있을까? 왜 던은 일반적으로 여성 작가들이 무시를 당하던 시대에, 그것도 레즈비언이기 때문에 검열에 걸릴 위험이 높은 사포라는 여성의 목소리로 말하기를 선택해야 했을까 하는 의문을 던져볼 수 있을 것이다. 이에 대해 많은 비평가들은 사포가 파온을 사랑하는 것으로 만들어 놓은 오비디우스의 이야기에서 던이 레즈비언으로서의 사포의 정체성을 회복시키면서 동시에 자신의 목소리를 그 속에 담으려 한 것으로 분석하고 있다. 즉 던이 오비디우스의 시를 모방하면서 사포를 재발견함을 통해 르네상스 시대의 진부한 사랑시의 전통을 새롭게 하고 성애 문학의 서정적 목소리를 회복하려고 시도했다고 보는 것이다(Infante 94-5; Harvey 118-19; Mueller 113).

던도 오비디우스와 마찬가지로 사포의 목소리를 빌려 엘레지라는 장르를 통해 이야기하고 있으나, 이러한 공통점 이면에는 간과할 수 없는 큰 차이가 존재함을 알 수 있다. 즉 사포가 파온을 사랑하는 것으로 되어 있던 오비디우스의 이야기를 원래 사포의 시에서 그려진 대로 레즈비언의 사랑 이야기로 다시 바꿈으로써, 던은 사포라는 여성이 남성에게 성적으로 종속되는 관계를 해체시킴과 동시에 연애시라는 분야에서 오비디우스의 시적 권위에 도전하고 있다고 볼 수 있다. 던이 말하는 사포의 편지는 그리스의 섬 류카스(Leucas) 출신의 무명작가인 필레니스에게 쓴 것인데, 이 연인이 오비디우스의 경우와 다르게 남성이 아닌 여성으로 되어 있다. 따라서 던은 오비디우스의 시에 수정을 가해 여성이 여성에게 말하게 함으로써 시에서 여성의 목소리를 회복시키고 있다. 그러나 정작 사포나 오비디우스 그 누구도 필레니스에 대해 언급한 부분이 없으며 이에 대한 자료도 거의 존재하지 않는다. 다만 제한된 자료를 통해 우리가 알 수 있는 것은 필레니스와 사포 둘 다 성적인 사랑을 다룬 책을 썼다는 사실과, 이로 인해 이들이 부도덕하고 방탕한 여성으로 인식되었다는 점 정도다.

■ 「사포가 필레니스에게」는 먼저 필레니스의 부재에 대한 슬픔을 토로하는 것에서 시작하여 사포가 시적 언어로써 기억을 통해 부재를 현존으로

전환시키는 것으로 나아가고 있다. 그리고 결국은 사랑의 대상이 타자에서 자신으로 판명되면서 나르시시즘과 유아론(solipsism)을 극화하는 것으로 마무리된다. 역사적 인물 사포에 대한 던의 관심은 사포가 시인이었으며, 더욱이 그것도 시적인 위기를 경험한 인물이었다는 사실이 동기가 되었음은 의심할 여지가 없다. 그래서 던의 편지는 사랑하는 필레니스가 곁에 없음에 대한 한탄뿐만 아니라, 사포가 자신의 시적 능력이 쇠퇴한 것에 대한 한탄으로 시작하고 있다.

저 성스러운 불은 어디에 있나, 시가
　가지고 있다는? 그 매혹적인 힘은 쇠해 버렸나?
자연의 법칙에서 자연의 작품들을 끌어당기는 시는
　자연의 최상의 작품인 그대를 자연의 작품에게로 끌지 못하네.

Where is that holy fire, which verse is said
　To have? is that enchanting force decayed?
Verse, that draws Nature's works, from Nature's law,
　Thee, her best work, to her work cannot draw. (1-4)

이는 던이 사포를 레즈비언의 사랑을 갈구하는 상상의 인물로뿐만 아니라 자신의 시적인 능력의 쇠퇴를 표상하는 인물로 그리고 있다는 해석을 가능하게 하는 부분이다. 자신에게 가해진 심적 고통으로 인해 언어적 표현력과 시적 능력도 줄어들게 되었음을 한탄한 오비디우스의 사포처럼, 이 사포의 목소리는 "매혹적인 힘"이 쇠해 버리지나 않았는지 의심스러워한다. 시를 쓸 능력을 잃어버린 데 대한 한탄은 르네상스 시대 서정시에서 가장 흔하게 접하는 내용으로, 시드니(Sidney)나 스펜서(Spenser), 셰익스피어(Shakespeare) 등의 세속시나, 밀턴(Milton)과 허버트(Herbert)의 종교시 등에서 그 예를 찾아볼 수 있다. 3행의 "자연의 법칙에서 자연의 작품들을 끌어당기는 시"는 원형적인 시인이라고 할 수 있는 오르페우스(Orpheus)의 시에 대한 언급이다. 그의 시는 너무나 매혹적이어서 동물은 물론이고 나무나 바위 같은 무생물도 경의를 표하고 음악을 듣기 위해 자연이 정해준 법칙도 어기면서 그를 뒤따랐다고 전해진다. 그러나 시의 화자는 이러한 오르페우스의 능력을 가진 시도 "자연의 최상의 작품"인 필레니스를 시인 앞에 존재하도록 회복시킬 수 없음을 슬퍼하고 있는 것이다. 필레니스와 시적 능력이 자신에게 회복되기를 바라는 사포의 욕망은 3행과 4행에서 동어반복적으로 표현되고 있는데, 이는 시의 후반부에 등장하는 동어반복과 함께 주목할 필요가 있다.

던의 사포는 시적 영감을 발견하기 위해 몸부림치지만 단지 녹아내리는 이미지만 발견할 따름이다.

> 내 눈물이 나의 이전의 시적 열정을 잠재워 버렸나.
> 왜 눈물이 욕망의 열정도 잠재우지 못했나?
> 내 마음의 산물인 생각은 종종 그대와 함께 있으나
> 그 생각을 만들어 낸 나는 생각의 자유를 원한다.
> 내 마음속에 그대 형상만이 자리 잡고 있으나
> 그것은 밀랍이고 불길이 그를 둘러싸고 있다.
> 내 불길은 당신의 형상을 몰아내고, 그대 불길은 여기 당신의 형상을 끌어당겼다.
> 나는 영상도 마음도 감각도 다 빼앗겨 버렸네.
> 그대에 대한 지루한 기억이 아직 내게 머물고
> 간직하기도 잃어버리기도 하는 기억은 똑같이 슬퍼하네.
> 기억은 당신이 얼마나 아름다운지를 말해 주노라. 그대는 너무나 아름다워
> 내가 당신을 신에 비긴다면 신은 이로 인해 영광이 되는 것.

눈먼 사람들을 볼 수 있게 하려고,
  이건 신들이 하는 일이지만, 나는 신들이 그대를 닮았다고 말하오.

Have my tears quenched my old poetic fire;
  Why quenched they not as well, that of desire?
Thoughts, my mind's creatures, often are with thee,
  But I, their maker, want their liberty.
Only thine image, in my heart, doth sit,
  But that is wax, and fires environ it.
My fires have driven, thine have drawn it hence;
  And I am robbed of picture, heart, and sense.
Dwells with me still mine irksome memory,
  Which, both to keep, and lose, grieves equally.
That tells me how fair thou art: thou art so fair,
  As, gods, when gods to thee I do compare,
Are graced thereby; and to make blind men see,
  What things gods are, I say they are like to thee. (5-18)

시들어 버린 거룩한 시의 불길과 열정은 시인의 마음속에 자리 잡고 있는 하나의 이미지를 파괴하는 세속적인 불길이 되어 내면에서 타오르고 있다. 즉 사포의 마음속에는 시적인 불길보다 성적인 욕망이 더 뜨겁게 불타서, 자신의 가슴속 밀랍에 찍혀 있는 것 같은 사랑하는 자의 형상이 이내 녹아 버리는 것이다. 지금 자신의 곁에 없는 필레니스 때문에 눈물을 흘리는 사포는 성적 욕망이 너무 강렬하여 그녀에 대한 기억조차 흐릿해지고 있다. 이제 녹아 버린 형상 같은 필레니스의 모습은 사포의 감각도 마음도 빼앗지 못하는 무디고 "지루한 기억"으로밖에는 남아 있지 못한다. 다만 꿈결 같은 기억 속에서 그녀는 신보다 더 아름다웠다고 찬양할 따름인데, 사포는 필레니스의 아름다움이 너무나 신성해서 눈먼 사람도 볼 수 있게 할 정도라고 말하고 있다.

이어서 사포는 "만약 우리가 각 평범한 남자들을 작은 세계라고 의당 부른다면 / 그대를 어떻게 불러야 할까?"(For, if we justly call each silly man / A little world, what shall we call thee then?; 19-20)라고 물으며 여성 주체(female subject)를 부를 적절한 표현 혹은 수사법을 모색한다. 그녀는 인문주의 철학이 여성 주체에게는 부적절한 수사학인 것으로 간주하여 버리고, 그렇다면 "그대를 어떻게 불러야 할까?"라며 남성 주체의 특권인 언어체계 밖에서 여성을 표현해 보려고 시도한다. 사포는 "그대는 솜털처럼, 별처럼, 삼나무처럼, 백합처럼, / 부드럽지도, 밝지도, 바르지도, 아름답지도 않아"(Thou art not soft, and clear, and straight, and fair, / As down, as stars, cedars, and lilies are; 21-22)라며 전형적인 페트라르카식 미학의 언어도 배격하면서, "그러나 그대의 오른손과 뺨과 눈은 단지 / 그대의 다른 손과 뺨과 눈을 닮았다"(But thy right hand, and cheek, and eye, only / Are like thy other hand, and cheek, and eye; 23-24)며 여성의 몸을 해부하는 수사로 필레니스를 다시 옷 입히고 있다. 말하자면 필레니스의 몸이 그녀의 수사학이자 사포의 수사학인 셈이다. 왜냐하면 "나의 두 입술, 눈, 허벅다리는 당신 것과 달라요. / 하지만 이는 당신 것도 서로 다른 것과 마찬가지지요"(My two lips, eyes, thighs, differ from thy two, / But so, as thine from one another do; 45-46)라고 말하고 있기 때문이다. 남성 중심적인 전통으로부터 여성을 회복시켜 여성의 성애적 경험에 적절한 언어를 빚어내려는 몸부림 속에서 던의 사포는 여성의 몸을 언어와 같은 상징체계로 보고 있는 것이다.

연인의 몸의 각 부분을 외부 세계에서 빌려온 과장된 일련의 비교를 통하여 찬양하던 페트라르카 풍의 표현은 레즈비언의 세계에서는 더 이상

충분하거나 정확한 칭찬의 양식이 되지 못한다. 사포는 필레니스가 "솜털처럼, 별처럼, 삼나무처럼, 백합처럼" "부드럽지도, 밝지도, 바르지도, 아름답지도 않"다고 한다. 필레니스가 더 이상 다른 무엇에 비길 만큼 아름답다고 말하는 것이 아니라, "그대의 오른손과 뺨과 눈은 단지 / 그대의 다른 손과 뺨과 눈을 닮았다"며 그녀가 이미 완전하고 충족된 존재라고 주장하고 있는 것이다. 사포는 외부의 어떤 것과의 비교나 유추도 거부하는, 스스로 충족되고 완전히 독립된 의미화 체계를 생성하려고 시도하고 있다. 이 체계는 소우주도 대우주도 아닌, 홀스턴이 말한 바와 같이 "자신들만의 세계"(autocosm)라고 할 수 있을 것이다. 이 세계는 위계질서가 존재하지 않는 완벽한 균형의 세계이다. 필레니스의 오른쪽 반이 사포의 왼쪽 반과 완전히 같아질 때 사포는 기표와 기의 사이의 모든 거리가 사라지고 언어가 바로 실체가 되는, 차이도 의미화도 존재하지 않는 언어 이전의 세계로 들어가는 것으로 홀스턴은 보고 있다(Holstun 840).

이처럼 사포가 사용하고 있는 언어는 대상이 이미 언급된 바 있는 2행 연구(heroic couplet)적이고 상호 대칭적인 표현이다. 즉 필레니스는 별이나 꽃이 가지고 있는 속성을 소유하고 있어서 아름다운 것이 아니라, 한쪽이 다른 반쪽을 닮은 그 자체로 완벽하게 균형 잡힌 아름다움을 지닌 존재라는 것이다. 여기서 사포는 자아와 타자 사이의 신체적인 유사성으로 인해 몸의 오른쪽과 왼쪽이라는 반쪽 사이의 완벽한 균형과 대칭성을 발견하고 있다. 가드너 같은 비평가는 던이 다른 시에서는 동성애에 관해 전혀 관심을 보이지 않았으며 시에 사용된 운율도 무디고 어휘도 빈약하다는 점과 함께, 하나의 2행 연구에서 같은 단어를 두세 번 반복해서 사용함으로써 시가 단조롭다는 점을 들어 「사포가 필레니스에게」가 던의 작품이 아니거나 적어도 작품성이 떨어진다고 주장하고 있다(Gardner xlvi). 즉 나르시스적인 동어 반복(narcissistic tautology)은 레즈비언의 사랑을 그려낼 시인의 시적 능력이 고갈되었음을 보여주며, 따라서 이 시는 실패작이라고 생각하는 것이다. 그러나 이와 달리 하비는 이 2행 연구와 같은 대칭성이 사포로 하여금 필레니스를 묘사할 때 새로운 언어적 표현을 가능하게 하는 것으로 보고 있다. 이 특별한 균형과 대칭성은 레즈비언 세계가 지닌 특징 가운데 하나라고 할 수 있다는 것이다. 이러한 맥락에서 그는 「사포가 필레니스에게」는 여성들이 단순히 이성애적 관계를 모방하거나 남성의 역할을 흉내 내려고 하는 것이 아니라, 남성을 배제한 채 자신들의 새로운 이데올로기를 반영하는 새로운 언어를 만들어 내기 위하여 유토피아적인 세계 속에서 여성들 간의 성적 결합을 발전시키고 있다고 주장한다 (Harvey 128-30).

이 부분에서 던은 오비디우스의 15번째 편지에 주목할 만한 수정을 가하는데, 그 가운데 하나가 바로 사포의 유명한 레즈비언 성애를 회복시킨 것이라고 할 수 있다. 던의 사포는 파온이 성장하여 남성적 특징을 보이기 시작할 무렵 그를 버리고 같은 여성에게서 욕망의 대상을 찾는 레즈비언 성애를 추구하고 있다.

내 사랑 파오가 잠시 그러했으나, 앞으로는 절대 그렇지 않아,
　그대가 그러했고, 그렇고, 오, 앞으로도 영원히 그럴 것처럼은.
여기 연인들은 서로를 숭배하며 맹세를 하네.
　나도 그렇게 하지만 슬픔이 내 안색을 바래게 하네.
그러나 슬픔이 내 아름다움을 없애 버리지 않도록,
　그래서 그대 사랑 받을 가치 없게 만들지 않도록 난 덜 슬퍼하노라.
그대 나긋한 소년과도 놀아 보지만, 오, 달콤하게 해주는
　주고받는 느낌이 여전히 부족하네.
그의 뺨, 가시같이 들쑥날쑥한 수염은
　위협하며 일상의 변화를 가져오네.

Such was my Phao awhile, but shall be never,
  As thou wast, art, and, oh, mayst thou be ever.
Here lovers swear in their idolatry,
  That I am such; but grief discolours me.
And yet I grieve the less, lest grief remove
  My beauty, and make me unworthy of thy love.
Plays some soft boy with thee, oh there wants yet
  A mutual feeling which should sweeten it.
His chin, a thorny hairy unevenness
  Doth threaten, and some daily change possess. (25-34)

사포는 성적인 취향이 바뀌어서라기보다는 자기가 사랑했던 소년 파온이 청년으로 성장하면서 여성과 같은 특성을 상실했기 때문에 그를 버렸다는 사실을 알 수 있다. 사포의 희망과는 달리 파온은 영원히 변하지 않고 소년의 상태로 머물 수 없었던 것이다. "주고받는 느낌"이란 서로 간에 느끼는 공감과 성적인 사랑 둘 모두를 의미하는 것 같다. 여성이 남성의 수염이 상징하는 세계와 접한다는 것은 다른 성에 대해 눈뜨는 사춘기와 임신과 출산이라는 엄청난 변화를 가져오는 새로운 세계와 만난다는 것을 뜻한다.

■ 이제 사포는 여성들 간의 사랑을 소유하지 않고도 사랑할 수 있고 상대를 침범하지 않고도 즐거움을 취할 수 있는 유토피아적인 결합으로 찬양한다. 그녀는 레즈비언의 성애를 인간이 타락하기 전 상태처럼 아름답게 레즈비언 목가시(lesbian pastoral)로 이야기하면서, 완전하고 변하지 않는 여성의 성애를 변덕스럽고 타락한 남성의 육욕적 사랑과 대조시키고 있다.

그대의 몸은 타고난 낙원,
  그 자신 속에 가꾸지 않은 모든 쾌락이 있어서.
완벽할 필요 없어요. 그렇다면 왜 그대는
  거칠고 거센 남성의 경작을 인정해야 한단 말이죠?
남자들은 그들 뒤에 자신의 죄의 흔적을 남겨
  눈 내릴 때 강도질 한 도둑들처럼 추적당하죠.
그러나 우리들의 사랑의 유희는 시내의 물고기나
  공중의 새들처럼 어떤 흔적도 남기지 않아.
우리 사이에 온갖 달콤함을 다 누릴 수 있어,
  자연이 생산하고 기교가 더할 수 있는 모든 것을.

Thy body is a natural paradise,
  In whose self, unmanured, all pleasure lies,
Nor needs perfection; why shouldst thou then
  Admit the tillage of a harsh rough man?
Men leave behind them that which their sin shows,
  And are as thieves traced, which rob when it snows.
But of our dalliance no more signs there are,
  Than fishes leave in streams, or birds in air.
And between us all sweetness may be had;
  All, all that Nature yields, or Art can add. (35-44)

사포는 필레니스의 육체가 지닌 완전함을 보존하고 시간과 인간의 파괴로부터 보호하기 위해 그녀를 낙원에 두고 있다. 사포의 반영이라고 할 수 있는 필레니스는 "가꾸지 않은" 흠 없는 처녀성의 상태로 완전하며, 죄의 흔적을 남기는 남성들과 달리 레즈비언의 사랑의 유희는 자식을 낳는 것과 같은 흔적을 남기지 않기에 그만큼 더 자유롭고 완전하다고 말한다. 던은 오비디우스가 사포에게서 빼앗았던 언어와 독립성을 그녀에게 후하게 부여하고 있는 것처럼 보이지만, 여기서도 "왜 그대는 / 거칠고 거센 남성의 경작을 인정해야 한단 말이죠?"라고 말함으로써 「엘레지 19」에서 볼 수 있었던 것과 같이 여성의 몸을 신세계와 마찬가지로 남성의 탐험과 소유를 기다리는 식민지화할 대상으로 묘사하고 있음을 알 수 있다.

사포는 남성들이 이 레즈비언의 세계에 침입해 들어오는 것을 자신의 이익을 얻기 위해 땅을 경작하는 농사와 남의 것을 빼앗는 도둑질에 비유하고 있다. 이와 달리 레즈비언들 사이의 사랑의 유희는 "시내의 물고기나 / 공중의 새들처럼" 어떤 흔적도 남기지 않으면서 소유권도 수반하지 않는다는 이유로 칭송되고 있다. 사포는 필레니스의 몸이야말로 땅이 가꾸지 않아도 풍성한 먹을 것을 생산하고 사람들이 자신의 권리와 재산을 보호하기 위해 법을 필요로 하지 않고도 조화롭게 살았던 황금시대의 이미지를 지닌, 그 자체로 이미 완전함을 품고 있는 "타고난 낙원"이라고 주장하고 있는 것이다. 그렇다면 왜 그녀는 "거칠고 거센 남성"의 "경작"을 인정해야 하는가? 이 "경작"한다는 표현에는 인간이 자신의 욕심을 채우고 이익을 얻어 내기 위해 땅을 멋대로 이용한다는 사실과 함께, 가부장적인 세계에서 흔히 그러하듯이 여성의 몸을 성적으로 "경작"한다는 사실이 동시에 내포되어 있다. 레즈비언의 사랑과 달리 이성간의 성적 결합에는 소유의 개념이 내포되어 있어서, "남자들은 그들 뒤에 자신의 죄의 흔적을 남겨 / 눈 내릴 때 강도질 한 도둑들처럼 추적"당한다고 함으로써 지울 수 없는 흔적을 남기는 것으로 그려져 있다. 여기서 말하는 죄의 흔적은 여러 가지가 있을 수 있겠으나 성행위 때의 정액이나 임신하여 낳게 되는 아이 등을 의미하는 것으로 보인다. 이처럼 남성의 사랑은 그가 부재할 때도 자신이 뿌린 씨인 자손을 통해 흔적을 남긴다. 그러나 레즈비언의 사랑은 흔적을 남기지 않는다는 점에서는 편리할지 모르나, 아무런 의미나 흔적도 남기지 못하기에 존재할 때조차도 부재한다는 홀스턴의 주장은 상당히 흥미롭다(Holstun 842-43). 코렐이 말한 바와 같이 던은 이 시를 통해서 아무런 차이나 상실도 생겨나지 않으며, 마치 아무 일도 일어나지 않는 것 같은 매우 역설적인 성애를 다루는 영시 사상 전례가 없는 실험을 하고 있는 것이다(Correll 495).

사포가 거울을 바라볼 때 부재하는 연인인 필레니스가 재창조된다. 그녀는 자신의 몸을 애무하면서 자신과 필레니스가 서로 한 몸의 두 반쪽처럼 닮았다는 사실을 깨닫는다. 부재하는 필레니스가 사포의 생각 속에서 밀랍 이미지(wax image)로 재창조되면서, 이때 극단적인 유아론과 나르시시즘이 등장하고 있다. 상상 속에서 그려 보는 필레니스에 대한 사포의 시적 판타지가 아무리 생생하고 구체적이라 하더라도, 결국 거울 속에 비치는 상은 "거울 속에 비친 나를 당신이라 불러요"(55)라고 한 구절에서도 알 수 있듯이 사포 자신의 것일 뿐이다. 사포가 생각하는 필레니스는 결국 거울 속에서 바라보는 사포 자신의 상에 다름 아닌 것이다.

나의 두 입술, 눈, 허벅다리는 당신 것과 달라요.
  하지만 이는 당신 것도 서로 다른 것과 마찬가지지요.
그리고, 오, 그 더 이상은 아니에요. 닮은 것이 이 정도인데
  왜 이들 서로 닮은 각 부분이 접촉해서는 안 된다는 것이죠?
손이 낯선 손에, 입술이 입술에 어느 누구도 마다 않네.
  그렇다면 가슴과 가슴, 허벅지와 허벅지를 맞닿은들 어떠랴?
닮음은 이토록 이상한 자화자찬을 낳아,
  나 자신을 만지는 일이 모두 그대에게 행해진 듯하오.
나는 내 자신을 포옹하고, 내 자신의 손에 입맞춤하고,
  이에 대해 내 자신에게 사랑스레 감사해요.
거울 속에 비친 나를 당신이라 불러요. 그러나 아!

내가 입 맞추려 할 때 눈물이 내 눈과 거울을 흐리게 하네요.
오 이 사랑의 광증을 고쳐 주세요, 나를 나로 회복시켜 줘요,
내 반쪽인 그대, 내 모든 것, 내 전부보다 더한 당신.

My two lips, eyes, thighs, differ from thy two,
But so, as thine from one another do;
And, oh, no more; the likeness being such,
Why should they not alike in all parts touch?
Hand to strange hand, lip to lip none denies;
Why should they breast to breast, or thighs to thighs?
Likeness begets such strange self flattery,
That touching myself, all seems done to thee.
Myself I embrace, and mine own hands I kiss,
And amorously thank myself for this.
Me, in my glass, I call thee; but alas,
When I would kiss, tears dim mine eyes, and glass.
O cure this loving madness, and restore
Me to me; thee, my half, my all, my more. (45-58)

이 사포의 욕망에서 주목할 사실은 "나를 나로 회복시켜 줘요"라고 말하는 것에서도 알 수 있듯이 동성애적(homoerotic)이라기보다는 결국 자기애적(autoerotic)이라는 것이다(Infante 98-99). "거울 속에 비친 나를 당신이라 불러요"라는 구절은 필레니스에 대한 사포의 시적 판타지가 그녀의 상상 속에서 아무리 구체적으로 생겨난다 하더라도 결국 사포 자신의 상만 거울에 반영된다는 사실이다. 시인 사포는 거울에 비친 자신의 이미지 앞에서 성애적 상상에 빠져 매혹되고 있는 것이다. 앞서 자신의 시적 능력

이 쇠퇴하였음을 슬퍼하고 그녀의 마음속에 지니고 있는 필레니스에 대한 밀랍 이미지가 깨어져 버리지 않을까 염려했던 사포는, 지금 자신이 빚어낸 필레니스의 시적 이미지에 만족하고 있는 모습을 보여주고 있다.

이 구절에서 몸과 거울에 비친 반영 사이의, 혹은 이미지와 그 모사 사이의 동일시는 이들 사이의 차이를 흐리게 하면서 경계를 해체시키고 있다. 손으로 잡힐 듯한 이미지로 가득한 구절은 오비디우스의 나르시스를 연상시키는데, 사포는 일반적으로 남성의 욕망으로 바라보던 관찰자의 위치를 대신하여 거울에 비친 자신의 판타지를 바라본다. 자신의 욕망의 불길이 자기 마음속에 있던 필레니스의 이미지를 녹여 버린 것처럼, 사포는 "그러나 아! / 내가 입 맞추려 할 때 눈물이 내 눈과 거울을 흐리게 하네요"라며 눈물이 자신의 형상을 흐리게 하고 자기애적 환상을 깨뜨리고 있음을 말하고 있다. 사포의 자기애는 그녀를 보다 깊은 절망으로 이끌고 있을 따름이다. 더욱이 사포의 나르시시즘도 욕망의 대상이 자기 자신이 아니라 자신을 닮은 다른 존재라는 사실을 어렴풋하게 인식하기 때문에 전통적인 의미의 나르시시즘이 아니라고 할 수 있다(Blank 363).

우리는 여기서 던의 많은 시에서 찾아볼 수 있는 것처럼, 시인이 자신과 아내인 앤 모어(Anne More)의 이름을 가지고 말장난을 하고 있는 것을 발견하게 된다. 사포는 필레니스와 나르시시즘적으로 하나가 되는데, "나 자신을 만지는 일이 모두 그대에게 행해진 듯하오."(That touching myself, all seems done to thee)라고 말할 때 복화술적인 목소리와 진짜 목소리 사이의 구별이 무너지고 있다. 여기서 던은 "thee"와 자신의 이름을 연상시키는 "done" 사이에 펀(pun)을 함으로써 오비디우스와 사포의 관계에 자신도 끼어드는 복잡한 구도를 창조하면서, 유혹할 때 사용하는 시인 특유의 수사적 전략을 구사하고 있다. 이는 "나를 나로 회복시켜줘요, / 내 반쪽인 그대, 내 모든 것, 내 전부보다 더한 당신"(restore / Me to me; thee, my half, my all, my more)이라고 아내 앤 모어의 이름을 언급하는 데 이르러서는 사포가 던 자신으로, 필레니스가 앤 모어로 변하는 듯한 묘한 느낌을 창조한다. 그녀와 그녀가 사랑하는 자가 닮았다는 점에서 흥분을 느끼며 이 사랑이 자신을 만족시켜 줄 것으로 희망하지만, 사포는 여전히 만족하지 못한 상태로 또 다른 대상을 욕망하고 있음을 볼 수 있다.

던은 사포가 그녀 자신을 바라보고 만지는 것을 지켜보면서 이처럼 목소리를 전위시킴을 통해, 관음증자이면서 동시에 복화술사로서의 자신의 모습을 드러내고 있다. 관음증이나 남의 나체나 외설 사진을 보고 쾌감을 느끼는 절시증(scopophilia)과 타인의 목소리를 빌리는 복화술은 모두 자신의 모습을 드러내거나 직접 개입하지 않으면서 상대방을 조절하고 지배하는 기능을 한다. 자신의 모습은 보이지 않은 채 타인의 모습을 몰래 엿보려는 소망인 관음증이 응시를 통해 대상을 소유하고 지배하듯이, 여성의 목소리를 이용하는 복화술도 자신의 목소리를 드러내지 않은 채 자신과 다른 목소리에 검열을 가하면서 타자를 지배하게 된다. 복화술은 실제 여성 화자의 목소리를 억압하면서 허구의 다른 여성의 목소리를 구축하고, 이를 통해 보다 넓은 문화적 맥락에서 검열의 기재 역할을 수행하는 것이다. 남성 시인이 사포의 목소리를 차용할 경우 그는 그녀의 젠더의 타자성과 성적인 선호는 물론이고 사포가 지니고 있는 전설적인 명성에 직면해야 한다. 던은 사포의 원래 목소리를 침묵하게 하거나 고침으로써 자신이 그녀의 디스코스에 들어가는 전략을 사용하고 있는 것이다.

제2부

『풍자시』

Satires

Satires

던은 공식적으로 '풍자시'(Satires)라고 이름 붙인 5편의 시를 썼지만, 사실 다른 많은 시에서도 풍자를 사용하고 있다. 국교도가 아니면 출세를 할 수 없었던 시대적 상황에서 종교적인 갈등을 겪기는 했으나, 결국에는 자신이 믿던 가톨릭 신앙에 등을 돌리고 영국 국교를 받아들인 야심 찬 젊은이였다는 사실을 고려할 때 이는 놀랄 만한 일이 아니다. 풍자는 흔히 똑똑한 젊은이들이 그를 둘러싼 사회나 다른 사람들의 행동을 바라보는 자세나 태도라고 할 수 있기 때문이다. 풍자시인은 개인적인 감정을 다루는 서정시인과 달리 그 시대에 대해 공적이면서 비판적인 관계를 가지며, 적대적이거나 경멸적인 입장을 취한다.

당시 시적 풍자는 세인들의 관심을 자신에게로 끌기 위한 하나의 방법이었으며, 친구와 장래가 유망한 사람들 사이에 유포된 원고는 나중에 조정에 진출하기 위한 방편으로 사용되기도 했다. 던도 자신의 원고를 이러한 목적으로 사용하였으며 『풍자시』(*Satires*)는 그의 20대 시절, 링컨 법학원에 다니면서 출세를 모색했던 대략 1593년에서 1598년에 걸쳐 창작된 것으로 추정된다. 던의 초기시는 주로 필사본의 형태로 읽혀졌다. 그 이유는 필사본이 주로 동인(coterie)이라고 불리는 문학을 향유하는 공동체 혹은 지인들 사이에 유통되었으므로, 궁정의 엘리트들은 자신들의 생각과 의견을 사회적 열등자들에게 유출하지 않는 방편으로 이 필사본을 사용하는 경향이 있었기 때문일 것이다. 또한 정치적으로 문제의 소지가 있거나 중상하는 내용의 글의 경우에도 만약 출판을 하게 되면 대중에게 노출되어 위험할 수 있으므로 필사본으로 돌려보기도 하였다. 재치 있는 장난기와 궤변, 관능적인 내용과 풍자적 신랄함을 특징으로 하는 던의 초기시는 야망을 지닌 젊은 동인들 사이에서 행해진 사회적 행위의 한 부분으로 이해할 수 있을 것이다(Perry 109).

패터슨(Annabel Patterson)은 당시 친구들 사이에 유포되었던 던의 필사본 가운데 하나에 1593년이라는 연도가 적혀 있는 등 여러 정황을 고려해 볼 때 던이 영국 최초의 본격적인 풍자시인일 가능성이 크다고 주장한다. 던은 기존의 체제와 가치를 전복하는 성격의 새로운 표현 양식에 특별한 관심을 갖고 가장 앞장서서 실험적인 글쓰기를 하였다는 것이다. 한편, 당시 사회와 궁정, 종교계, 사법계 등을 비판하고 조롱하는 내용의 풍자시를 쓴다는 것은 자신을 심각한 위험에 빠뜨릴 수 있는 행위이기도 하였다. 실제로 1599년에는 두 명의 저명한 주교가 말로(Christopher Marlowe)와 홀(Joseph Hall), 내쉬(Thomas Nashe), 미들턴(Thomas Middleton) 등이 당시 간행한 풍자시의 출판을 금하고 몇몇 책을 불태우도록 하는 법령을 발표했다(Boose 185). 던은 생전에 자신의 풍자시를 출판하지는 않았다. 그렇다 하더라도 그가 자기 친구에게 보낸 1600년에 쓴 것으로 보이는 편지에서는 필사본 형태로 친구들 사이에 돌려 보며 읽히던 자신의 풍자시가 외부에 알려질 경우 위험에 처하지나 않을까 하는 두려움을, 그리고 남녀 간의 성애를 다룬 엘레지로 인해서는 수치를 당하지 않을까 하는 염려를 강하게 드러내고 있다(Patterson 117-19). 우리는 던의 풍자시나 편지에서 한 젊은이가 엘리자베스 여왕 말기의 영국 사회와 법과 궁정에 대해 느끼는 회의와 좌절감과 함께 그의 자유분방한 정신을 엿볼 수 있다.

1590년대는 던이 시 창작에 몰두하는 한편 신학적인 물음과 씨름했던 시기이며, 에섹스 공(Essex, Robert Devereux)의 카디즈(Cadiz) 원정과 아조레스 제도(Azores Islands) 원정에 참가하기도 하지만, 동생 헨리(Henry)가 사제를 숨겨준 죄로 투옥 당했다가 죽는 등 집안의 어려운 일들을 겪기도 한 시기였다. 던이 가장 먼저 쓴 초기시 가운데 하나인 『풍자시』에는 시인의 좌절된 정열과 야망이 분명하게 드러나 있다. 1633년에 출판될 예정이었던 『풍자시』는 엘레지 5편과 함께 처음에는 출판 허가가 나지 않았다. 그러다가 출판 직전에 이들 풍자시에 대한 출판 금지가 해제되어 그 해에 겨우 세상에 빛을 보게 되는 우여곡절을 겪었다.

풍자문학이란 무엇인가에 대해서 한마디로 대답하는 것은 어렵지만 에이브람즈(M. H. Abrams)는 다음과 같이 정의를 내리고 있다.

> 풍자는 어떤 대상을 우스꽝스럽게 만들고 그것에 대하여 재미있어 하는 태도나, 경멸이나 조소나 분노의 태도를 불러일으킴으로써 그 대상을 깎아 내리는 문학상의 기교이다. 코미디가 웃음을 자아내는 것 자체가 주목적인 데 반하여 풍자는 조롱한다는 점에서 풍자와 코믹은 다르다. 즉 풍자는 웃음을 하나의 무기로 사용한다.

> Satire can be described as the literary art of diminishing or derogating a subject by making it ridiculous and evoking toward it attitudes of amusement, contempt, scorn, or indignation. It differs from the comic in that comedy evokes laughter mainly as an end in itself, while satire derides; that is, it uses laughter as a weapon. (Abrams 275)

인간의 악덕과 어리석음을 교정하는 수단으로 흔히 사용되는 풍자는 한 개인을 목표로 삼기도 하지만, 어떤 인간형이나 계급, 제도나 국가, 혹은 전 인류를 목표로 하기도 한다. 이처럼 풍자가 인간의 어리석음이나 악을 조롱하면서 웃음을 무기로 사용한다는 점에서 단순히 독자나 관객을 즐겁게 하거나 웃음을 자아내는 것을 목적으로 하는 코믹이나 위트 등과는 차이가 있다. 이 가운데 특히 위트는 16세기와 17세기에 문학 창작을 하는 재능이나, 그중에서도 특히 눈부시고 놀랍고 역설적인 비유들을 발견할 수 있는 능력을 가리키는 데 사용되었다(Abrams 329-30). 짧고 교묘하고 희극적인 놀라움을 일으키도록 계획적으로 고안된 언어적 표현인 위트는 던의 시에서 발견할 수 있는 중요한 특징 가운데 하나이다. 정치적으로 신랄한 풍자와 오비디우스풍의 성애를 포르노 같은 소재와 함께 다룬 엘레지는 엘리자베스 여왕 통치 말기에 법학원에서 널리 유행하던 시 형식이었다. 16세기 말 영국 사회의 타락상을 비판하고 풍자하는 『풍자시』에 사용된 격렬한 어조는 로마의 풍자시인 유베날리스(Juvenal)의 영향을 보여주고 있으며, 세련된 방식으로 애매하고 분명하지 않게 처리된 부분은 권세 있는 자들을 비판하고 고위층에 만연한 부패상을 공격함으로써 자신이 처할 수 있는 위험한 상황에 대한 안전장치가 아니었을까 짐작된다.

일반적으로 던의 시는 그의 전기적인 사실과 연관하여 초기에는 세속시의 성격을 띠다가 후기로 가면서 종교시로 옮아가는 것으로 평가되고 있다. 그러나 우리는 그의 초기시인 『풍자시』에서도 돈과 권력, 성과 같은 보편적인 유혹에 대한 심각한 고민과 함께, 이러한 유혹에 쉽게 넘어가는 세태에 대한 신랄한 비판과 풍자를 찾아볼 수 있다. 또한 진지하게 진리를 탐구하면서 자신이 처한 신앙의 위기를 해결하기 위해 당대의 종교적 문제와 종교의 본질에 대해 치열하게 탐구하는 모습도 엿볼 수 있다. 이처럼 『풍자시』에서 시인은 영국 사회에 만연한 죄악과 타락상을 비판하면서, 이스라엘의 죄와 우상숭배에 대해 질책한 성경의 예언자와 같은 태도를 취하기도 한다. 그러나 잘못된 것을 드러내고 비판하기는 하지만 이를 시정할 마땅한 방법이 없는 데서 느끼는 시인의 좌절감도 우리는 느낄 수 있다(최재헌, 『영국시의 이해』 177-79). 던은 『풍자시』에서 당대 영국 사회의 경박하고 물질주의적인 가치관과 한 젊은 난봉꾼의 기회주의나 호색(풍자시 1번)과 타락한 법관과 법률제도(2번), 종교(3번), 궁정과 궁정인들(4번, 1번), 그리고 엘리자베스 시대 후기 영국의 사법 체제(5번) 등에 대해 자세히 살펴보고 있다. 시의 화자는 그 사회의 타락과 악에 맞서는 자질을 구현하고 있는데, 예를 들어 진지하고 학자적이거나(1번), 신과 종교적 가치에 헌신적이며 참된 진리를 진지하게 탐구하고(3번), 극단을 피하고 중용의 길을 택하며(2번), 악과 권력을 쥔 사악한 무리들에 대해 증오로 가득한 반면(2번, 5번), 인류에 대한 연민에 감동하는(3번, 5번) 등의 모습을 띠고 있다. 그는 총체적으로 타락한 사회 속에서 이러한 사회의 악에 외롭게 대항하는 모습을 보여 주면서, 당대 사회의 악뿐만 아니라 제도와 체제상의 부패와 타락상도 아울러 공격하고 있다(Guibbory 131). 그의 초기시 가운데 『엘레지』가 주로 사랑이라는 개인적인 영역을 다루고 있는 반면, 『풍자시』는 공적이고 정치적인 면에 초점을 맞추고 있는 점이 다르다.

영국 사회와 궁정에 대한 풍자: 「풍자시 1」과 「풍자시 4」

■ 던은 『풍자시』를 통해서 마치 로마의 풍자시인 유베날리스나 호라티우스(Horace)가 로마의 부패상을 풍자하고 비판했듯이 16세기 말 영국 사회의 타락상을 신랄하게 고발하고 있다. 그러면 먼저 런던 사회를 풍자하고 있는 「풍자시 1」("Satire 1")에 대해 살펴보자. 시는 서재에서 나와 거리를 함께 돌아다니자는 친구의 부름에 시의 화자가 버티고 있는 상황을 묘사하는 것으로 시작한다. 학구적인 화자는 친구를 "어리석고 변덕 심한 어릿광대야 가라"(Away thou fondling motley humorist)라고 물리치면서 자기 혼자 서재에서 책을 보게 두라고 말하고 있다. 여기서 "fondling" 이나 "humorist"는 희극(comedy)과 거기 등장하는 배우를, 그리고 "변덕스러운"이라는 의미와 함께 "얼룩덜룩한"이란 뜻을 지닌 "motley"는 광대가 입는 옷을 지칭하면서 우리 인간의 조건이나 상황을 나타내고 있다. 이어서 화자는 서재를 "감옥"으로, 그리고 자신은 관 속에 갇혀 있는 것으로 묘사한다.

몇 권의 책과 함께 어울려 있도록
이 우뚝 선 나무로 된 상자 속에 나를 내버려 두게.
감옥에 날 내버려 두고, 내가 죽을 때 관 속에 있도록 해다오.

Leave me, and in this standing wooden chest,
Consorted with these few books, let me lie
In prison, and here be coffined, when I die. (2-4)

그는 자신이 읽는 책들이 신성한 가르침에서부터 철학과 문학과 정치적인 안목에 이르기까지 위대한 지혜를 담고 있지만, 정작 현실의 유혹들을 이겨낼 만큼 강하지는 않다는 사실을 처음부터 인식하고 있다. 그는 "변치 않는 친구인 이 모두를 버리고 / 고집 세고, 거칠고 신의 없는 너를 따라가야 한단 말인가?"(Shall I leave all this constant company, / And follow headlong, wild uncertain thee?; 11-12)라고 수사적인 질문을 던지는데, 이 말 속에는 야망을 좇는 모든 인간이 느끼기 마련인 딜레마가 담겨 있다(Nutt 32). 여기서 서재에 앉아 "변치 않는 친구"인 책에 파묻혀 있는 화자 혹은 던 자신이 학구적이라고 한다면, 그의 친구는 "고집 세고, 거칠고 신의 없는" 인물로 그려지고 있다.

화자는 친구와 함께 가기를 허락하기 전에, 별 효력이 없을 것을 알면서도 먼저 그 친구가 더 매혹적인 사람들을 만나더라도 도중에 자신을 버리고 떠나지 않겠다는 다짐과 맹세를 하도록 요구한다. 그러면서 친구가 첫눈에 반해 자신을 버리지나 않을까 우려하는 인물로 군인과 조정대신과 재판관을 들고 있다.

40명의 죽은 사람들의 대가로 받은 금빛 번쩍이는 꾸러미를 가진
장교가 네가 가는 길에 나타나더라도,

상쾌한 향내를 풍기는 건방진 궁정인이 너의 인사에 답례로
머리를 끄덕일지라도,
푸른 옷을 입은 열두서너 명의 길게 늘어선 많은 수행원을 거느린
벨벳 걸친 판사가 오더라도.

Not though a captain do come in thy way
Bright parcel gilt, with forty dead men's pay,
Nor though a brisk perfumed pert courtier
Deign with a nod, thy courtesy to answer.
Nor come a velvet Justice with a long
Great train of blue coats, twelve, or fourteen strong. (17-22)

신의 없는 그의 친구에게 영향을 주어 방황하게 할 군인과 궁정인, 재판관이라는 유형은 당대에서 물질적 · 사회적 이익과 출세를 대표하는 인물들이다. 화자는 이러한 물질과 권력에 현혹되어 자신을 버리지 말라며, "좋을 때나 나쁠 때나 나와 함께해 주오, 그렇지 않다면 날 떠나라. / 나를 가졌다가 버리는 것은 간통이야"(For better or worse take me, or leave me: / To take, and leave me is adultery; 25-6)라고 말한다. 친구와 자신의 관계를 마치 결혼한 부부 사이처럼 묘사하면서, 결혼 서약을 패러디한 구절을 통해 친구의 변절은 간통과 같은 것이라며 경고하고 있는 것이 흥미롭다. 여기서 던은 단지 친구의 이기심뿐만 아니라, 탐욕에 따라 움직이고 성공에 우쭐거리며 부화뇌동 하는 윤리성의 결여를 맹렬히 비난하고 있는 것이다(Nutt 33).

계속해서 화자는 누군가를 만나면 이리저리 뜯어보고는 "그 사람이 몸에 걸친 비단과 금에 비례하여 높거나 낮게 / 모자를 들어 인사를 하는" (The silk, and gold he wears, and to that rate / So high or low, dost raise thy formal hat; 31-32) 친구의 속물적이고 물질중심적인 태도에 대해 비판한다. 그는 또한 친구가 "더럽고 풍만한 창녀나 남창"(plump muddy whore, or prostitute boy; 40)의 벌거벗은 몸을 좋아하는 "음탕하고 안달이 난 정욕"(rank itchy lust; 38)에 가득 찬 위선자임을 날카롭게 공격하고 있다. 그러나 화자는 부도덕함과 위선을 꾸짖는 말을 듣고 친구가 "회개한 참회자같이"(like a contrite penitent; 49) "이 모든 허영과 경솔함"(These vanities, and giddinesses; 51)을 뉘우치는 모습을 보이자, 결국 그의 요청대로 같이 서재 문을 닫고 "자 길을 떠나자"(come, let's go; 52)라며 번잡한 거리로 나서게 된다.

그러나 이내 화자는 친구의 유치하고 쉽게 흥분하는 성격에 아연실색하며, 그의 요구에 응했던 자신의 어리석음에 대해 자조적으로 다음과 같이 말한다.

> 하지만 사람들이 검은 깃으로 장식하거나
> 진한 자줏빛 타이즈를 신는 만큼 자주
> 수많은 남자들과 죄를 지은 값싼 창녀는
> 그들 중 누가 아이의 진짜 아버지인지 이름을 금방 댈 수 있을지 모른다.
> 또 어떤 이는 누가 인도를 유산으로 물려받을
> 런던 귀족의 딸과 결혼할지 추측을 곧장 내놓을지도 모른다.
> 또 곧 사기 치는 점술가가 천체를 그려
> 예민하고 재치 있는 색다른 젊은이들이
> 내년에 어떤 모자나 러플이나 정장을 입을 것인지
> 금방 확실하게 말해 줄지도 모른다.
> 네가 나를 떠나 갈 때, 어디로, 왜, 언제,
> 혹은 누구와 갈지를 보여줄 수 있기 전에 먼저.

But sooner may a cheap whore, that hath been
Worn by as many several men in sin,
As are black feathers, or musk-colour hose,
Name her child's right true father, 'mongst all those:
Sooner may one guess, who shall bear away
The Infanta of London, heir to an India;
And sooner may a gulling weather spy
By drawing forth heaven's scheme tell certainly
What fashioned hats, or ruffs, or suits next year
Our subtle-witted antic youths will wear;
Than thou, when thou depart'st from me, canst show
Whither, why, when, or with whom thou wouldst go. (53-64)

여기에서 언급되고 있는 창녀와 런던의 상속녀, 그리고 점성가 등은 당시 런던 사회의 타락상을 대표하는 인물들이다. 첫 번째 등장하는 창녀는 사람들이 더러움을 감추기 위해 검은 깃털을 꽂고 짙은 자주색 타이즈를 자주 신는 것처럼, 무수한 남자와 죄를 지어 그녀의 몸이 "닳아 빠진" 상태로 묘사되고 있다. 다음으로는 엄청난 부를 소유하여 숱한 남성들이 결혼하고 싶어 하는 런던의 상속녀인데, 던은 가장 이국적이면서 풍요로운 부를 표현하기 위해 '인도'라는 비유를 사용하고 있다. 마지막으로 미래를 예언하기 위해 기상을 연구하는 척하면서 내년에 어떤 패션이 유행할 것인가를 허풍을 치며 예언하지만, 실상은 사기를 치는 점성가가 등장한다. 창녀는 성적 타락을, 런던의 상속녀는 결혼 시장에서의 물질만능주의를, 사기 치는 점성가는 변덕스러운 유행과 도덕적 타락을 풍자한다고 볼 수 있다. 마지막 두 행에서 묘사되는 친구는 이것저것 사이에서 쉽게 선택을 못하며 눈앞에 펼쳐진 광경에 흥분하여 아무런 결정도 내리지 못할 정도

여서, 앞서 나온 매춘부나 부유한 상속녀나 점술가만큼이나 제어하기 힘든 상태에 있다. 여기서 던은 너트(Joe Nutt)가 지적한 바와 같이 유행을 좇는 젊은이들을 천박하고 어리석고 거만한 동시에 자신들의 어리석음을 알아차리지 못하는 인물로 그림으로써 풍자의 대상으로 삼고 있다(36-37).

"자 이제 우리는 거리로 나왔네"(Now we are in the street; 67)라고 말하는 부분에서 시제는 과거에서 현재로 바뀌고 친구도 2인칭에서 '그'(he)로 바뀌고 있다. 그 결과 이제부터 독자는 한층 박진감 있게 묘사되는 풍자를 부담 없이 마음껏 즐길 수 있게 된다. 바깥 세상에서 일어나는 흥미진진한 일들을 함께 즐기지 못해 아쉬워하며 참을성 없이 흥분하는 친구가 "밖에서 뭔가 즐거운 일이 벌어지고 있는 걸 알지만 / 감히 나가지 못하는 견습공이나 학생처럼"(As 'prentices, or school-boys which do know / Of some gay sport abroad, yet dare not go; 75-76)이라고 묘사되고 있는 것이 흥미롭다. 이 친구는 "우리가 만나는 좋은 비단 옷을 차려입은 모든 바보"(Every fine silken painted fool we meet; 72)들의 환심을 사고 싶어 안달이 나 있다. 그가 높은 사람에게 아부하는 모습을 던은 "바이올리니스트가 가장 높은 소리를 내기 위해 현의 가장 낮은 곳을 누르듯이 / 가장 용감한 사람들에게 땅에 몸을 붙이듯 인사를 한다"(as fiddlers stop lowest, at highest sound, / So to the most brave, stoops he nigh'st the ground; 77-78)고 재미있게 표현하고 있다. 여기서 "가장 용감한 사람들"이란 육체적 · 도덕적 용기보다는 무모함이나 허식과 가까운 의미로 사용되었다고 볼 수 있다(Nutt 38). 이들에게 극단적 예우의 표현도 마다하지 않는 이 친구지만, 정작 화자가 존경심을 가지고 대하는 사람들에 대해서는 제대로 알아보지조차 못한다.

친구는 춤을 잘 추는 젊은이를 보고서 기뻐서 뛸 듯이 흥분하기도 하고, "알록달록한 공작"(many-coloured peacock; 92)처럼 잘 차려입은 젊은이와 이야기하려고 화자를 두고 잠시 떠나기도 한다. 공작은 허영을 상징하는 동물이니 이 젊은이 또한 허영에 들뜬 인물로 추정할 수 있다. 그러나 여기서 주목할 만한 사실은 화자가 자신을 버리고 떠난 친구에 대해 "나는 내 길 잃은 양을 위해 머무른다"(I for my lost sheep stay; 93)라고 말하고 있다는 점이다. 이러한 어조에는 애정과 함께 그를 보호해 주려는 마음이 깃들어 있는 것 같다. 친구는 돌아와서 방금 만났던 사람에 대해 이야기하면서, 입은 의상으로 미루어 보건데 그가 궁정인들 가운데서도 가장 세련된 인물임에 틀림없다고 지레 짐작한다. 왜 그에게 머리를 굽신거렸느냐고 질책하는 말을 듣고 친구는 그 사람이 여행을 많이 했을 것이라며, 그렇게 생각하는 이유로 "그가 완전히 프랑스인이나 이태리인 같아" (he doth seem to be / Perfect French, and Italian; 102-3)라고 대답한다. 그러나 아이러니한 것은 정작 그는 불어나 이태리어를 전혀 이해하지 못하는 인물이라는 사실이다. 친구의 이러한 어리석은 말에 화자는 "매독도 그렇지"(So is the pox; 104)라고 쏘아붙인다. 'pox'는 모든 성병을 뜻하는 막연한 용어였으나 특히 매독을 지칭하는 것으로, 던이 살던 시대에는 매우 치명적인 병이었으며 종종 프랑스병 혹은 스페인 병이라고 불렸다고 한다. 이를 통해 던은 당대에 외국을 자주 왕래하던 지체 높은 궁정인들의 성적 타락상을 꼬집고 있는 것이다. 이 부분에서 우리는 풍자의 초점이 경박한 화자의 친구에 맞춰져 있다는 생각에 조정을 가하게 된다. 즉, 이 시가 풍자하고자 하는 바는 좀 더 구체적으로 물질적인 탐욕과 성적 욕망과 같은 이기적인 충동 같은 것이며, 그 중심에는 궁정이 자리 잡고 있다는 사실이다.

화자를 유혹해서 번잡한 거리로 같이 외출을 나선 부도덕하고 위선적이며 경박한 친구는 시의 마지막 부분에서 결국 창 너머에 있는 연인을 만나자 마침내 자신의 쾌락을 좇기 위해 "증발하는 가벼운 이슬처럼" 화자에게서 떠나 버린다.

마침내 창 안에 있는 그의 사랑을 보고서
증발하는 가벼운 이슬처럼 그는 나로부터 달아나
격렬히 마음껏 자신의 욕정을 채우네.

At last his love he in a window spies,
And like light dew exhaled, he flings from me
Violently ravished to his lechery. (106-8)

그러나 거기에는 "이미 많은 남자들이 있었고 그는 그녀를 마음대로 할 수 없었다"(Many were there, he could command no more; 109). 그리하여 그는 부정한 애인을 두고 결투를 벌이고 피를 흘리게 된다. 그리고는 거기서 나와 "곧장 나에게 와 고개 숙여 참회하네 / 그리고 잠시 변함없이 몸져 누워 있어야 했네"(Directly came to me hanging the head, / And constantly a while must keep his bed; 111-12)라는 구절로 시가 끝남으로써, 다시 화자에게로 돌아와 수치심을 느끼며 자신의 잘못을 뉘우치는 모습을 보여주고 있다.

이 시 전체를 통해서 화자가 신랄하게 풍자하고 있는 것은 물론 천박한 친구의 행동이다. 이는 동시에 인간이 보편적으로 가지고 있는 물질적인 탐욕과 정욕, 즉 궁정에서 출세하는 것이나 성적 만족을 취하는 것과 같은 이기적인 추구에 대한 풍자라고 볼 수 있을 것이다(Nutt 40). 던의 풍자시는 부패한 사회와 시대에 대한 분노와 함께, 어떤 면에서는 그러한 사회와 가치에 매력도 함께 느끼는 서로 상반된 충동을 생생하게 그리고 있다. 「풍자시 1」도 내성적이고 덕망 있는 학자인 화자와 야심에 차 있고 희극적으로 알랑대면서 출세를 지향하는 지조 없는 그의 친구를 통해 시인 자신의 서로 상충되고 상반된 속성을 보여주고 있는 듯하다(Guibbory 131). 다시 말해서 풍자의 대상이 되고 있는 천박한 친구는 화자 자신의 분열된 자아(divided personality)이거나 페르소나(persona)라고 볼 수 있으며, 나아가 겉으로 드러난 이면에 숨겨져 있는 시인 자신과 모든 인간의 본성일 수도 있을 것이다. 화자는 책을 벗 삼아 집에 머물러 있으려는 욕망과 친구를 따라 시내로 나가고 싶은 욕망 사이에서 몸부림치며 갈등하다가 결국 양심의 명령을 어기고 친구를 따라가게 된다. 이때 "하지만 내 양심을 어기고 지었던 죄를 / 어떻게 용서받을 수 있을까?"(But how shall I be pardoned my offence / That thus have sinned against my conscience?; 65-66)라며 그가 심하게 자책하는 모습을 통해서, 타락한 세상으로부터 떨어져서 머무는 것이 얼마나 어려운 일인가를 보여주고 있다.

젊은 시절 던은 궁정의 요직을 얻기 위해 무진 애썼으며, 마침내 제임스 1세 때 성공하게 된다. 그러나 그러기까지에는 처음에는 자신의 종교 때문에, 그 이후에는 앤 모어(Anne More)와의 분별없는 비밀 결혼으로 인해 젊음의 시간을 허비하면서 몸부림치고 좌절당하는 아픔을 겪어야 했다. 「풍자시 1」에는 세속적인 출세에 대한 시인 자신의 욕망과 갈등이 담겨 있으며, 특히 시에 많이 나타나는 궁정과 궁정인에 대한 비판과 풍자에는 자신의 야망이 쉽게 성취될 수 없음에 대한 불만이 드러나 있다고 할 수 있을 것이다(최재헌, 「풍자시 3」, 267-68).

■ 이처럼 「풍자시 1」이 세속적인 성공과 욕망을 좇는 당대의 풍조를 비판하고 있다면, 「풍자시 4」("Satire 4")는 부패한 당시 엘리자베스 궁정과 궁정인들의 타락상을 풍자하며 공격하고 있다. 「풍자시 4」는 던이 아조레스 제도 등 섬 원정에 참가했던 무렵인 1597년 3월에서 7월 사이에 창작된 것으로 추정되는데, 당시 궁정의 부패상이 한 지성인으로 하여금 환멸감을 느끼며 조국을 떠나 위험한 항해를 떠나도록 내몰았던 것으로 보인다. 이 시는 다소 명랑한 분위기가 지배적인 「풍자시 1」에 비해, 엘리자베스 궁정을 포악하고 전제적인 법률제도로 지탱되는 "연옥"(purgatory)이나

“지옥”(hell; 3)과 같이 묘사함으로써 공격의 수위를 높이고 있다. 「풍자시 1」의 내용을 훨씬 어두운 어조로 다시 이야기하는 듯한 「풍자시 4」에서는 거리의 천박함과 경솔함이 불안정하고 온갖 풍문에 시달리는 궁정이라는 정치적 환경으로 대치되고, 별로 바람직하고 달갑지는 않지만 매력적으로 유혹하는 친구는 시인의 귀에 정치적인 독을 부어 넣어 시인으로 하여금 죄책감을 느끼게 만드는 참으로 역겨운 인물로 바뀌고 있다(Patterson 120, 124-25).

「풍자시 4」에서 화자는 “장난으로 미사에 참석”(go / To a Mass in jest; 8-9)하는 것처럼 궁정을 방문하는 것 자체에 대해 죄의식을 느끼고 있다(Guilty of my sin of going; 12). 그는 궁정에 거하는 모든 사람들을 쉽게 악에 빠지고, 잘 잊어버리고, 거만하고, 음탕하고, 빚지고, 헛되고, 어리석고, 잘못된 자로 묘사하고 있다(13-16행). 이처럼 던의 풍자시에 등장하는 궁정인은 엘리자베스 시대의 사회에서 가장 혐오스럽고 두렵게 여기는 인물의 특징을 지니고 있다(Bradbury 89). 던은 화자가 궁정에 도착하자 그에게 다가오는 어릿광대 같은 친구의 외모를 나일 강 유역이나 기아나(Guiana)에 사는 이상하게 생긴 족속들보다 더 이상하게 생긴 “물건”(thing; 20) 같고, 입고 있는 의복도 이상하고 조잡한(strange, though coarse; 30) 것으로 묘사하고 있다. 이어서 ‘말’(tongue)에 대한 펀(pun)이 반복되고 있는데, 시의 나머지 부분은 언어의 오용과 그 폐해를 극화하며 강조하고 있다(Bradbury 96). 이 궁정인은 해외로 여행을 많이 다녀 여러 나라 말을 하는 것 같으나 사실은 어느 하나도 제대로 하지 못하고, 여러 나라 말을 주워섬기며 이리저리 내뱉을 따름이다. 화자는 그가 찬사와 아첨으로 “과부들을 얻을 수 있고, 빚도 갚고 / 사람들로 하여금 반역하는 말을 하게 하고, 음흉한 매춘부를 속일 수도 있다”(In which he can win widows, and pay scores, / Make men speak treason, cozen subtlest whores; 45-46)라며 궁정인의 거짓되고, 반역적이고, 입에 발린 말이 끼치는 부정적인 영향에 대해 꼬집고 있다. 이 궁정인이 자신의 이름을 부르며 다가오자 그는 "주여! / 제가 얼마나 죄를 지었기에 당신의 맹렬한 분노의 매인 / 이 친구가 나를 선택했단 말입니까?"('God! / How have I sinned, that thy wrath's furious rod, / This fellow, chooseth me?'; 49-51)라며 괴로워한다. 궁정을 방문하는 것 자체가 죄라며 앞서 죄의식을 강하게 토로한 바 있는 그는 궁정인과의 고통스러운 만남으로 벌을 받는 것처럼 그려지고 있다. 그러나 화자는 인간을 타락시키는 궁정의 위험한 분위기에 자신이 서서히 젖어 들도록 허용하고 있으며, 이 궁정인의 접근을 물리칠 힘도 갖고 있지 않다(Bellette 134).

화자에게 수다스럽게 거짓말을 늘어놓는 허풍쟁이인 이 궁정인의 됨됨이와 시대 상황이 돈과 여왕과 권위에 고개 숙이는 그의 모습을 통하여 여실히 드러난다. 그는 "언제 여왕이 찡그리거나 웃는지"(When the Queen frowned, or smiled; 99)를 알 정도이며, 누가 고위 관직을 이어받을 것이며, 누가 자신의 땅을 판 돈을 뇌물로 바치고 큰 이권을 챙길 수 있는 특허권을 얻어 내는지도 알고 있다. 그는 모든 관직을 얻는 데 각각 얼마의 돈을 지불해야 하는지 액수를 이야기하고(He names a price for every office paid; 121), 어떤 주요 관직은 대대로 세습되는 것도 있다고 한다(That offices are entailed, and that there are / Perpetuities of them; 123-24). 이처럼 혐오스럽고 타락한 궁정인이 들려주는 궁정을 둘러싼 정치판의 부패상에 대해 언급하던 시인은 "그러자 나 자신이 / 반역자로 몰리지나 않을까 두려움을 느끼면서, / 법령 가운데 하나가 나를 집어삼키기 위해 / 아가리를 벌리는 것을 본 것 같다"(felt myself then / Becoming traitor, and methought I saw / One of our giant Statutes ope his jaw / To suck me in; 130-33)며 자신이 느끼는 신변의 위협과 두려움에 대해 말하고 있다. 여기서 말하는 '법령'은 패터슨의 주장처럼 선동적인 출판이나 반역을 다스리기 위하여 1581년에 제정된 법령을 의미할 가능성이 높다(Patterson

123). 시의 화자는 궁정인이 중상모략하는 말을 들으며 자신이 반역자가 되는 것 같은 묘한 느낌을 가지면서, 이러한 내용을 다루고 있는 자신의 풍자시로 인해 반역죄로 벌을 받게 되지나 않을까 두려움에 떨고 있는 것이다. 화자는 "궁정이 온통 / 그보다 더 이상한 것들로 가득 찬 것을 보고" (which did see / All the Court filled with more strange things than he; 151-52), 소송을 당할까 봐 겁을 먹은 사람이 감옥에서 도망치는 것보다 더 급하게 그곳으로부터 벗어나 집으로 돌아온다.

그러나 집으로 돌아온 그는 마치 지옥을 본 단테(Dante)처럼 "완전한 고독 속에서"(in wholesome solitariness; 155) 무서운 악몽을 꾼다. 그는 마치 궁정에 만연한 질병에 전염이 된 듯하다. 그가 마지못해 들어야 했던 엘리자베스 궁정에 대한 부정적인 광경이 이제 눈앞에 악몽처럼 되풀이되는데, 화자가 꿈꾸는 궁정의 장면이 다음과 같이 묘사된다.

  열시가 지났다. 모두 승마학교나
벌룬이나 테니스 경기를 하고, 식사나 스튜를 들면서
아침 내내 보내고 난 후, 이제 두 번째를 위해
옷을 차려입었다. 그날 여왕을 모시는 궁정의
무리 속에서 나의 모습이 모인다, (하나님 저를 용서하소서).
그들이 걸친 의상은 마치 이것들을 사려고
팔아치운 땅과 같이 신선하고 멋지다.

  'Tis ten a-clock and past; all whom the mews,
Balloon, tennis, diet, or the stews,
Had all the morning held, now the second
Time made ready, that day, in flocks, are found
In the Presence, and I, (God pardon me).

As fresh, and sweet their apparels be, as be
The fields they sold to buy them. (175-81)

오전에 궁정에서는 모두들 승마학교에 가거나 핸드볼 비슷한 벌룬(balloon) 경기를 하거나 테니스를 치는 등 운동이나 취미생활을 한다. 그리고 식사나 스튜를 먹는다고 했는데, 이때 "diet"는 국무회의를 의미함과 동시에, 창녀촌에 가기 전에 먹는 성욕을 촉진시키는 음식이나 최근 거기를 다녀온 후 치료 차원에서 먹는 음식을 뜻한다. 그리고 "stew" 역시 스튜 요리를 의미함과 동시에 매음굴을 뜻하는 단어이다. 풍자가는 이를 통해 궁정인들이 오전 내내 유흥과 쾌락을 추구하는 데 보내고 있음을 꼬집고 있다. 이들은 왕에게 잘보이고 아첨하기 위해 아주 산뜻하고 멋진 옷을 입고 치장을 하고 있지만, 사실은 분에 넘치는 옷가지를 구입하기 위해 최근에 전답을 팔아야 했으며 살림이 거덜 날 지경에 있다는 사실을 말하고 있다. 풍자가는 비록 꿈속이기는 하지만 이들 부패하고 타락한 무리 속에 자신이 있다는 사실에 엄청난 죄책감을 느끼며 신의 용서를 빈다. 그는 "왜 훌륭한 재사(才士)가 진홍색 가운을 도무지 입지 못하는가?"(Why good wits ne'er wear scarlet gowns; 192)라며 능력 있는 사람이 고위 관직에 오르지 못하는 현실을 개탄한다. 그리고는 그 이유가 "이 남자들은 연설을 위한 재치만 사고 / 여자들이 진홍색으로 물들이는 붉은 화장품만 몽땅 사버리기 때문이다"(these men, men's wits for speeches buy, / And women buy all reds which scarlets dye; 193-94)고 말한다. 즉 궁정인들은 자신들의 연설문을 멋지게 장식하기 위해서만 재주 있는 사람들을 고용할 뿐이고, 궁정의 여인들은 화장용으로 진홍색 염료를 모두 사버리니, 자기처럼 정말 능력 있는 사람이 진홍색 옷을 입는 것으로 상징되는 출세를 하지 못하기 마련이라며 당시 세태를 풍자하고 있다.

시의 결말에서 화자는 지친 상태로 일곱 가지 치명적인 죄악(seven

deadly sins)에 대한 그림이 걸려 있는 큰 방을 지나 햄프턴 궁정(Hampton court)에서 빠져나온다. 이는 궁정이 교만과 탐심과 정욕과 분노와 대식과 시기와 나태와 같은 온갖 죄악으로 가득 찬 곳이라는 것을 의미한다. 여왕의 신하들은 별 가치도 없으면서 풍요롭게 살고 있는 반면, 근위병 옆을 지나가는 화자는 "염탐당한 스파이처럼 떨고 있다"(shook like a spied spy; 237). 그러면서 그는 성직자들이 이 시대의 죄악을 깨끗이 하는 역할을 수행해야 한다고 말한다.

지혜와 학문의 바다인
성직자들이여, 당신들은 이 땅의 죄악을 잠기게 할 힘이 있으니
그럴 용기를 보여야 하오. 왜냐하면 나는
졸졸 흐르는 시내에 불과해 얼룩 정도나
씻어 낼 수 있을 따름이니까.

Preachers which are
Seas of wit and arts, you can, then dare,
Drown the sins of this place, for, for me
Which am but a scarce brook, it enough shall be
To wash the stains away. (237-41)

그러나 사실은 당시의 성직자들이 그럴 만한 위치에 있고 당연히 궁정과 사회의 악을 바로잡는 일을 해야 함에도 불구하고 시대의 기대를 저버리고 있음을 시인은 꼬집고 있는 것이다. 던은 자신이 보잘 것 없는 "시내"에 불과하다고 말하고 있지만, "그러나 어느 현자가 나타나 / 나의 글을 정전으로 인정해 주기를 바라노라"(yet some wise man shall, / I hope, esteem my writs canonical; 243-44)라며 시를 끝맺고 있다. 겸손한 척 하

지만 사실은 자신의 풍자시가 목사들의 설교보다 사회를 바로잡는 역할을 하는 고전적인 작품이 될 것이며, 자신이야말로 진정한 지혜와 학문을 겸비한 인물임을 강변하고 있는 것이다.

이처럼 던은 「풍자시 1」과 「풍자시 4」를 통해서 당대의 세속적인 풍조와 엘리자베스 궁정을 중심으로 한 타락상을 풍자적으로 그려내고 있다. 시의 화자는 그가 묘사하고 있는 거리와 궁정으로 대표되는 세상으로부터 거리를 두고 있는데, 이러한 세상은 던이 바라고 적극적으로 추구하던 장소이기는 하지만 동시에 윤리적으로나 종교적으로 용납할 수 없는 곳이기도 하기 때문이다(Bellette 138). 여기에 등장하는 세속적인 친구와 고결하고 윤리적인 학자인 화자는 각기 다른 두 사람으로 볼 수도 있고, 한 사람이 가지고 있는 두 가지 상충적인 면모로 이해할 수도 있을 것이다. 던은 친구를 통해 세속적인 출세와 즐거움에 대한 자신의 욕망을 드러내며, 학자적인 화자를 통해 진지하고 도덕적인 가치를 추구하고 싶어 하는 바람을 동시에 보여주고 있는 것이다.

참된 종교에 대한 모색: 「풍자시 3」

■ 「풍자시 3」("Satire 3")은 종교에 관한 시로서 던이 어린 시절부터 믿던 신앙에 대해 회의하고 갈등하던 시기에 대한 기록으로 읽을 수 있다. 지금까지 많은 비평가들은 역사적 던과 풍자시인으로서의 던을 동일선상에 두고, 이 시가 던이 영국 성공회로 개종할 당시의 갈등을 담은 시로 간주하고 있다. 그러나 던이 언제 정확히 개종을 결심하였으며 이 시를 언제 썼는지에 대해서는 학자들 간에 의견이 분분하고 분명하지 않기 때문에 「풍자시 3」을 이처럼 너무 던의 전기적인 사실과 연관지어 생각하는 데에는 무리가 있다고 생각한다. 그리고 이 시는 시인 자신의 종교적 믿음에 관해

서나 제도권 교회와의 관계에 대해서도 구체적으로 이야기하지 않는다. 단지 진리가 있다는 사실과, 그 진리에 도달할 수 있다는 것과, 그 진리는 기독교 신앙에 뿌리를 두고 있다는 사실을 분명히 하고 있을 따름이다. 「풍자시 3」에 대한 최근의 연구들도 이 시가 자신의 개종과 관련하여 시인의 종교적 믿음에 대한 깊은 성찰의 결과이며, 17세기 당시의 종교적·정치적 논의에 대한 시인의 반응이라고 보고 있다. 이처럼 「풍자시 3」은 전기적인 사실이나 창작 시기에 얽매이지 않고, 17세기 당시의 종교적·정치적 사상을 구성하고 있는 폭넓은 이데올로기의 갈등에 대한 시인의 생각을 담고 있다는 시각에서 접근하는 것이 가장 적절할 것이다.

이 시는 공적인 사회에 대한 시인의 복잡한 감정을 드러내고 있는데, 어느 교회가 참된 교회이며 어느 길이 구원으로 이끄는가에 대한 어떤 결론을 제시하기보다는 참된 교회를 찾는 개인의 여정을 치열하게 보여주고 있다고 하겠다. 성경에 기록된 것처럼 그리스도의 신부와 같은 참된 교회를 찾아보기 힘들다는 사실을 통해 로마 가톨릭을 믿는 집안에서 성장한 시인이 가톨릭을 박해하는 프로테스탄트 사회에서 느낀 불안과 소외감을 엿볼 수 있다.

> 친절한 연민이 슬픔에 잠긴 내 목을 메게 하고
> 대담한 조소는 내 눈꺼풀을 붓게 하는 눈물이 흐르지 못하게 하네.
> 나는 웃어서도, 죄에 대해 울어서도 안 되고 지혜로워야지.
> 이 오랜 질병을 꾸짖어 고칠 수 있을까?
> 우리의 연인인 훌륭한 종교는
> 초기 암흑시대에 있어서의 미덕과 같이
> 우리의 온 영혼을 다 바칠 만한 가치가 있지 않은가?

> Kind pity chokes my spleen; brave scorn forbids

Those tears to issue which swell my eye-lids,
I must not laugh, nor weep sins, and be wise,
Can railing then cure these worn maladies?
Is not our mistress fair religion,
As worthy of all our soul's devotion,
As virtue was to the first blinded age? (1-7)

이상하게 시작하는 이 시의 서두에서 시인은 울 수도, 웃을 수도 없는 깊은 좌절감과 심적인 고통을 토로하고 있다. 이러한 감정은 자신과 같은 젊은이들이 섹스나 언쟁이나 모험과 같은 하찮은 일에 정력을 허비하고 있는 사실에서 느끼는 분노라고 할 수 있다(Carey 12). 죄인에게는 "친절한 연민"을 느끼지만 죄에 대해서는 "대담한 조소"로 경멸할 수밖에 없는 서로 상충하는 자신의 감정이 절묘하게 묘사되고 있는 것이다. 첫 행의 거친 음의 자음 "Kind"와 "chokes", "scorn", 그리고 "spleen" 뒤의 갑작스러운 휴지부, 이 모두는 화자의 분노를 효과적으로 표현하고 있다고 하겠다(Nutt 117). 여기에 사용된 "spleen"이라는 단어는 원래 비장을 뜻하는 의학용어이지만, 울화나 울분 등의 심리적인 질병과 생리적인 현상 모두를 두루 지칭할 수 있는 말이다(Strier 287). 따라서 화자는 "오랜 질병"으로 표현된 자신을 둘러싼 세상의 해묵은 죄악으로 인해 정신적으로나 육체적으로 심한 고통과 슬픔을 느끼고 있음을 알 수 있다.

이어서 그는 "이 오랜 질병을 꾸짖어 고칠 수 있을까"라며 당대의 사회악에 대해 단지 욕하고 비난함으로써 문제를 해결할 수 있다는 데 대해 의문을 제기하고 있다. 만약 단순히 비판함으로써 사회의 죄악과 문제를 고칠 수 있다고 믿는다면, 던의 시가 이처럼 복잡하고 애매한 양상을 띠지 않을 것이기 때문이다. 풍자시인으로서 잘못된 것을 지적하지 않을 수 없지만, 이를 고칠 가능성이 없다는 사실에서 느끼는 깊은 좌절감이 표현되고 있다(Guibbory 131). 시의 화자는 또한 "우리의 연인인 훌륭한 종교는 … 우리의 온 영혼을 다 바칠 만한 가치가 있지 않은가"라고 물음으로써, 세상이 세속적인 것을 따라가느라 진리를 추구하는 일에는 게으르며 등한시하고 있음을 비판하고 있다.

던은 자신이 신봉하는 종교적 믿음이나 이데올로기를 독자들에게 제시하고 있지는 않다. 다음 시행이 보여 주듯이 고대 철학자들이 자신들의 신념이 믿음으로 인정받아 천국에서 자신의 아버지를 만나게 되고, 정작 자신의 영혼은 아버지의 자상한 가르침에도 불구하고 저주받아 지옥에 떨어질 수도 있다는 생각은 화자를 매우 당혹스럽게 하고 있다.

또한 그대 부친의 영혼이 천국에서
엄격한 삶을 살았기에 신앙으로 인정될지도 모르는
눈먼 철학자들을 만나, 그대가 지옥에 빠졌다는 소식
들을 것인가, 따르기 쉽고도 가까운 방식들을
그대에게 가르쳐 주었음에도? 만일 그대가 두려워한다면, 이것을 두려워하라.
이 두려움은 위대한 용기이고, 용맹이니까.

and shall thy father's spirit
Meet blind philosophers in heaven, whose merit
Of strict life may be imputed faith, and hear
Thee, whom he taught so easy ways and near
To follow, damned? O if thou dar'st, fear this;
This fear great courage, and high valour is. (11-16)

이는 화자가 선친의 종교를 무시하고 다른 종교를 선택하는 데 따르는 도덕적 · 신앙적 갈등이나 고뇌와 함께, 그럴 경우 혹시 그리스도가 세상에 오기 전에 착하게 살았던 이교도보다 못한 신세가 될지 모른다는 우려와 불안감을 드러내 보이고 있다. 던은 자기 아버지와 가족이 대대로 이어오고 있는 믿음과 유산을 배반하고 있을 뿐만 아니라, 이러한 배신이 진리를 추구하는데 꼭 필요한 자질임을 강조하는 시를 여러 편 남기고 있다(Docherty 125-26). 15행의 휴지부와 이어지는 "fear this; / This fear"라는 반복된 구절은 참된 종교를 찾기 위해 필요한 진정한 용기를 갖도록 도전하는 영적인 부름을 강한 어조로 재치 있게 표현하고 있다고 하겠다. 이 극적인 갈등의 순간에 용기를 강조하고 있는 것은 각 개인이 자신의 이성적 판단에 기초하여 나름대로의 진리를 추구하는 것이 얼마나 중요한지를 역설하고 있는 것으로 해석된다. 아울러 진정으로 용기 있는 자는 끔찍스러운 파멸이나 저주에 대한 두려움을 감수하고(15-16행), 뒤에 열거하고 있는 악마와 세상과 육체와 같은 신의 "적들"(foes)에 맞서 싸울 수도 있어야 한다는 사실(33-42행)을 말하고 있는 것이다.

자신의 욕망에 의해서만 움직이는 던 시대의 모험가들은 세속적인 이익을 얻기 위해 스페인 정복자들에 맞서 "불온한 네덜란드인을 돕기"(aid mutinous Dutch; 17) 위해 원정을 가는 것도 마다하지 않았다. 이들은 또한 "나무로 만든 묘소"(wooden sepulchres; 18)"같은 배를 타거나 "바다와 땅의 지하 감옥에 뛰어들고"(dive seas, and dungeons of the earth; 20), "얼어붙은 북쪽 땅"(frozen north; 22)까지도 서슴없이 탐험하며 추위나 극심한 신체적 고난도 감수했다고 말한다. 뿐만 아니라 그들은 금으로 만든 우상에게 절하지 않는다고 느부갓네살(Nebuchadnezzar)왕에 의해 타는 풀무불 속으로 던져진 "경건한 신의 자녀들"(divine / Children; 23-24)인 다니엘서의 사드락과 메삭과 아벳느고(Daniel 3. 11-30)나, "적도"(the line; 24)로 탐험하는 자들이 겪은 열기까지도 견딘다고 한다. 황금으로 만든 우상을 섬기기를 거부하다가 불 속에 던져진 이들과 황금을 숭배하며 이를 얻기 위해 적도의 불길로 뛰어드는 탐험가들이 묘한 대조를 이루고 있음을 볼 수 있다(Hester 43). 시의 화자는 이 모든 세속적인 모험에 필요한 용기보다 진리를 추구하다가 저주받을 두려움도 감내하는 것이 훨씬 더 큰 용기임을 말하고 있는 것이다.

화자는 이러한 무모한 용기를 진정한 용기와 대조가 되는 "보잘것없는 용기"(courage of straw; 28)라고 말하면서, 단지 금전적인 "이익을 위해 고난을 견딜 수 있겠는가?"(Canst thou for gain bear; 26)라고 묻고 있다. 세속적인 것을 좇아 참된 종교와 진리를 모색하는 일을 소홀히 하는 자를 "무모한 겁쟁이"(desperate coward; 29)라고 꾸짖으며, 성급한 태도로 덤벼드는 것이나 비겁하게 몸을 사리는 태도를 모두 경계하고 있는 것이다. 이들은 세속적인 이익을 얻기 위한 "금지된 전쟁"(forbidden wars; 32)에서는 저돌적으로 덤벼들기 때문에 용감한 것같이 보이지만, 기독교인들이 그리스도의 군사로서 도덕적 · 신앙적 싸움을 행해야 할 "정해진 전쟁터"(th' appointed field; 32)에서의 영적인 전투는 두려워하여 피해 버리는 자들이다. 이는 "신의 세상 수비대에서 보초를 선 병사"(stand / Sentinel in his [God's] world's garrison; 30-31)로 묘사되는 진정으로 용기 있는 자와 대조를 이루고 있다(Scodel, *Excess* 24-25).

■ 지금까지는 종교적인 헌신을 전통적인 기독교의 적들과 맞서 싸우는 용기와 동일시했다면, 43행부터는 이를 서로 자신의 교리가 옳다고 싸우는 세상의 수많은 종파 속에서 진정한 기독교 신앙을 모색하는 용기와 동일시하고 있다(Scodel, Medium 486). "참된 종교를 찾아라"(Seek true religion; 43)라며 약 30행에 걸쳐 화자는 로마 가톨릭과 제네바의 신교, 영국 국교 등 인간이 선택할 수 있는 다양한 기독교를 각각 다른 종류의 여성에 비유하면서, 그릇된 이유로 특정 종교(아내)를 선택하는 자들을 비판함과 동시에 이들 모두에 대해 회의적인 태도를 보이고 있다. 화자가 그 가운데 어떤 교회도 흔쾌히 받아들이지 않는다는 사실은 이 세상에서는

그에게 맞는 장소나 교회가 없다는 점을 시사한다. 참된 종교나 진리를 찾고 추구하라는 말은 당연하고 훌륭한 권고로 보이지만, 16세기 말 유럽이라는 상황에서 이는 이상한 말이라고 스트라이어는 주장한다. 왜냐하면 이 시기 대부분의 유럽인들에게는 종교가 찾고 모색할 대상이 아니라, 태어날 때부터 이미 정해져서 무조건 믿고 따를 대상이었기 때문이다(Strier 292).

엘리자베스 여왕 당시 로마는 가톨릭의, 제네바는 신교, 특히 칼뱅의 장로교의 본산지였다. 진리를 추구하는 가상의 구도자들로 열거되고 있는 영국인 미레우스(Mirreus)와, 독일이나 네덜란드를 연상시키는 이름 크란츠(Crants), 그리스인 그라이우스(Graius), 프리지아인 프리기우스(Phrygius), 그리고 로마의 정치가였던 그라쿠스(Gracchus)는 모두 역사적인 인물로서 다양한 형태의 종교의 양태를 나타내기 위해 던이 사용한 일종의 인유이다. 먼저 참된 종교가 영국에는 없다며 로마에서 찾으려고 하는 미레우스는 로마 가톨릭(Roman Catholicism)을, 그리고 제네바에 참된 종교가 있다고 생각하는 크란츠는 칼뱅주의(Calvinism)를 상징한다. 이들은 각각 지나치게 의식적인(ceremonial) 면을 중시하거나 배격하는 입장을 취하고 있다. 한편 그라이우스는 어떤 변화도 바라지 않고 안주하려는 유형의 인간으로서, 영국 국교회주의(Anglicanism)를 대표한다. 그러면 이들 가운데 프리기우스와 그라쿠스에 관한 구절을 읽어보자.

자유로운 프리기우스는 모두가 다 좋을 수는 없다며
이 모두를 혐오한다. 마치 어떤 여인들이 창녀임을 아는 자가
아무와도 결혼하지 않으려는 것처럼.
그라쿠스는 모든 것이 하나같이 좋다며 그렇게 생각한다.
마치 여인들이 여러 나라에서
다양한 의상을 입지만 여전히 여인이듯,

종교도 역시 그러하다고. 너무 많은 빛이
눈을 멀게 한다. 그러나 그대는 동요하지 말고
온 힘을 다해 하나의 종교만,
강요당하는 일이 있더라도 오직 하나의 종교만을 허용해야 한다.
더욱이 올바른 종교를.

Careless Phrygius doth abhor
All, because all cannot be good, as one
Knowing some women whores, dares marry none.
Gracchus loves all as one, and thinks that so
As women do in divers countries go
In divers habits, yet are still one kind,
So doth, so is religion; and this blind-
ness too much light breeds; but unmoved thou
Of force must one, and forced but one allow;
And the right; (62-71)

모든 선택의 가능성을 배제하지 않고 자유주의를 신봉하는 프리지아인인 프리기우스는 다양한 신들을 인정하지만, 신 · 구교 모두 창녀처럼 부정하고 불완전하다는 것을 알기에 어느 쪽도 믿을 수 없다는 자들을 가리킨다. 프리기우스에 대해 이야기하는 이 구절에서 "모두"(all)라는 말이 특별히 강조되고 있음을 알 수 있다. 여기서 "Careless"는 자유롭다는 뜻 이외에 조심성 없거나 무모하다는 의미도 물론 함께 지니고 있다. 너무 선택의 폭이 넓어서 차라리 참된 종교/배우자를 선택하지 않기로 성급하게 결정을 내리는 그는 앞서의 "무모한 겁쟁이"에 다름 아니다. 한편 그라쿠스는 진보적 자유주의로 유명한 로마 가문 출신의 개혁운동가로서, 어느 종교도 다 좋다는 입장을 대변한다. 마치 여러 나라의 여인들이 각국의 다양한 의상을 입지만 똑같은 여성들이듯, 종교도 나라마다 다양한 모습을 띠고 있지만 본질적으로는 하나이며 동일하다는 것이다. 그러나 모든 종교가 진리의 빛을 가지고 있다고 생각하는 자는 거짓으로부터 진리를 구별해 내지 못하며 참된 진리에 대해서는 눈이 멀게 된다는 사실을 강조하고 있다.

이처럼 시의 화자는 무분별하게 옛것이나 새것을 좋아하거나, 신앙의 선조나 대부들이 말해 주는 것을 그대로 받아들이거나, 어느 쪽도 선택하기를 포기하고 무관심하게 되는 당시의 세태를 풍자하고 있다(Carey 12). 우리는 여기서 던이 「풍자시 3」에서 지나침과 부족함 사이의 중도(the mean, the middle way)라는 윤리적 미덕에 대한 그 시대의 생각과는 다른 새로운 시각을 밝히고 있다는 스코들(Joshua Scodel)의 주장에 주목할 필요가 있다. 그에 따르면 던 시대의 많은 성직자와 정치가들은 영국 교회가 가톨릭과 급진적인 프로테스탄트 사이의 중도적 입장에 서야 마땅하다는 입장을 취했다고 한다. 그러나 겉으로 보기에는 바람직하고 균형 잡힌 듯한 이러한 태도가 사실은 당대의 종교적 · 사회정치적 구도를 정당화하기 위한 방편이었음을 그는 지적하면서, 던이 「풍자시 3」에서 중도라는 개념을 각 개인이 진리를 모색하고 지켜 나가기 위해 이들이 행사해야 할 독립과 자유를 장려하기 위해 사용하고 있음을 밝히고 있다(Scodel, *Excess* 21-47).

다음 부분은 던이 시를 쓰던 당시 자신의 야망과 물려받은 신앙 사이에서 생기는 갈등을 해결하기 위해 필사적으로 몸부림치는 신앙의 위기를 겪고 있었음을 보여주면서, "현명하게 의심"하며 "잠자거나 그릇된 길로 달려"가지 않고 치열하게 참된 종교를 모색하는 구도자의 자세가 필요하다는 점을 강조한다. 그러나 참된 종교를 모색하는 자의 상황이 매우 회의적이라는 느낌이 「풍자시 3」 전반에 깔려 있음이 이 구절에서 분명하게 드러나 있다. 화자는 모든 종파와 교파가 갖고 있는 독단주의와 잔인함,

광신적인 믿음, 비겁함과 맹목성 등에 대한 깊은 불신감을 토로하고 있는 것이다(Carey 222; Gross 39).

우상을 숭배하거나 경멸하고 항의하는 것,
이 모두가 나쁠 수 있다. 현명하게 의심하라, 낯선 길에선
바른 방향을 물으며 서 있는 것이 길을 잃지 않는 방법,
잠자거나 잘못된 길로 달려가는 것은 길을 잃는 것.

To adore, or scorn an image, or protest,
May all be bad; doubt wisely, in strange way
To stand inquiring right, is not to stray;
To sleep, or run wrong is. (76-79)

"우상을 숭배"한다는 것은 성모와 천사와 성인들을 섬기는 로마 가톨릭 신자가 되는 것을 말하며, 우상을 "경멸"한다는 것은 성상을 세우고 받드는 것을 우상숭배로 간주하여 가톨릭을 반대하는 입장에 서는 것을, 그리고 "항의하는 것"은 프로테스탄트가 되라는 것을 의미한다. 이는 성상에 대한 주요 교회들의 견해, 즉 가톨릭의 숭배와, 칼뱅주의자와 급진적인 스위스 개혁주의자들의 성상파괴주의(iconoclasm), 그리고 루터파와 엘리자베스 시대 영국 교회가 취한 중도적 입장 모두가 잘못된 것일 수 있음을 말하고 있는 것이다. 던의 시와 생애는 17세기 초 영국과 유럽의 종교적인 상황에 대해 많은 것을 알려줌과 동시에, 이들 사이에서 균형을 잡는 일이 얼마나 어려운가를 이야기하고 있다(Parfitt 51). 화자는 진리는 단순하지도 않고 손쉽게 얻어지는 것도 아니기 때문에 어느 하나의 입장만이 옳다고 쉽게 단정을 내리는 것 자체가 위험하고 나쁠 수 있다는 점을 지적한다. 이것저것을 따지거나 현명하게 의심해 보지 않고 "잠자거나 잘못된 길로 달

려가는 것"은, 무관심하거나 무비판적으로 별 생각 없이 그릇된 길을 택하는 것이기에 이를 헤매고 방황하는 것이라고 말하고 있는 것이다. 그러기에 화자는 지금까지 믿어 온 그릇된 확신에 의문을 제기하고, 기성 교회의 억압적인 신앙에 대한 요구나 도덕률 등에 맞설 것을 요구하고 있는 것으로 보인다(Gross 397-98). 어쩌면 그는 혼란스럽고 타락한 세상에서 유일하게 도달할 수 있는 목표는 탐색의 목적이나 결과라기보다는 치열하게 탐구하는 행위 그 자체라는 사실에 대한 인식을 제시하고 있는지도 모른다.

화자는 확실한 진리를 발견하는 것이 절박한 반면 그만큼 힘들기도 하다는 데서 회의를 느끼면서도, 단순히 절망감에 사로잡히는 자세에 대해서는 통렬히 풍자하며 경계하고 있다. 그가 권하고 있는바 모든 독단적인 주장에 대해 적극적으로 의심을 품는 태도와 프리기우스의 회의적인 자세 사이에는 큰 차이가 있음에 주목해야 한다(Scodel, Medium 495). 화자는 참된 종교를 모색하는 구도자의 길이 얼마나 어려운지를 노동하듯이 힘든 리듬을 사용한 다음 구절로 여실히 말해주고 있다.

울퉁불퉁하고 깎아지른
거대한 바위산 위에 진리는 서 있으니, 그녀에게
다가가려는 자는 돌아서, 또 돌아서 가야 한다.
그래서 산이 갑자기 나타나 오르는 것을 막더라도 극복해야 한다.
그러나 더욱 노력하라, 그대 영혼이 쉬게 될 죽음의 황혼, 노년이 오기 전에,
그 밤에는 누구도 일할 수 없으니.

On a huge hill,
Cragged, and steep, Truth stands, and he that will
Reach her, about must, and about must go;
And what the hill's suddenness resists, win so;

Yet strive so, that before age, death's twilight,

Thy soul rest, for none can work in that night, (79-84)

강세가 연달아 오는 "Truth stands"라는 구절 앞뒤로 짧은 구절이 번갈아 옴으로써 진리가 있는 높은 산으로 오르는 길이 숨 가쁘게 힘들고 꼬불꼬불하다는 사실을 암시하고 있다. 이러한 느낌은 "Reach her"와 "about must," 그리고 "and about must go"와 같이 고르지 않고 힘들게 읽혀지는 구절이 반복해서 이어짐으로써 한층 강화된다. 돌고 돌아서 끝없이 이어지는 진리에 이르는 길을 가다가 갑자기 수직으로 깎아지른 듯한 산에 마주치게 됨을 묘사하는 "And what the hill's suddenness resists, win so"라는 구절은 앞의 나선형의 움직임과 함께 조금씩 수직으로 오르는 구도자의 움직임을 절묘하게 형상화하고 있다(Hester 48).

시의 화자는 거대하고 힘든 산과 같은 진리는 결단력 있고 용기 있는 자들만이 접근할 수 있다고 하면서, "그러므로 지금 하라"(therefore now do; 85)라고 촉구한다. 이처럼 던의 시에서는 사랑과 죽음과 시에 대한 개인적인 경험의 탐구가 주된 관심사로 다뤄지는데, 여기에 위트와 논리, 애매한 표현 등이 모두 이바지하고 있다. 시의 화자는 참된 종교를 찾아가는, 힘들지만 꼭 필요한 과정을 강조하고 있다. 아마 인간은 평생 산 정상에 있는 진리에 도달하지 못하고 돌고 돌다가 중턱에 머물고 말지도 모른다는 회의론적 시각이 시에 지배적으로 깔려 있다. 그럼에도 불구하고 그는 "육체의 수고로 힘든 업적을 이루듯이 정신의 노력으로 / 어려운 지식도 얻게 된다"(Hard deeds, the body's pains; hard knowledge too / The mind's endeavours reach; 86-87)며, 부단히 애쓰며 앞으로 나아가야 한다는 사실을 강조하고 있다. 비록 던은 종교와 종교적 진리에 대해 말하고 있지만, 발견과 과정과 경험의 중요성은 그의 시 전반에 흐르고 있는 관심사다. 그가 자기 시대의 부패상을 해부하든지, 다양하고 복잡한 사랑을 탐구하든지, 죄와 은총과 구원에 대해 명상하든지 간에, 던은 자신의 경험에서 생겨나고 그 경험에 알맞은 진리를 추구하고 있다고 하겠다. 물론 그의 시에는 사회 제도와 전통에 대한 회의적인 시각이 드러나 있지만, 개인은 자기 혼자 힘으로 진리를 추구해야 한다는 확신과 함께 이를 추구하는 행위 자체와 과정을 강조하고 있음을 보여주고 있는 것이다(Guibbory, Donne 128-29).

■ "그대가 찾은 진리를 지키라"(Keep the truth which thou hast found; 89)며 시작되는 시의 결말 부분은 이상하게도 종교에서 정치로 초점을 옮아가고 있다. 그러나 던이 살던 시기에는 종교와 정치가 밀접하게 연결되어 있었다는 사실을 고려할 때, 시인이 종교적 믿음을 영적인 것으로만이 아니라 사회적 · 정치적 · 경제적인 요인들과 불가피하게 서로 얽혀 있는 것으로 파악한 것으로 볼 수 있을 것이다. 시의 정치적 화자는 계속해서 진리를 추구하고자 하는 욕망을 견지하고 있으나 이를 인간과 왕과 권력 그 자체와 대치되는 것으로 설정해 놓고 있다. 그는 진리를 고수할 것을 촉구하면서 하나님은 왕들이 마음대로 사람을 죽일 수 있는 특권을 부여하지 않을 것이며, 왕은 운명의 역할을 수행하는 것이 아니라 단지 신의 명령을 차질 없이 수행하는 도구인 "교수형 집행자"(hangman; 92)에 불과함을 역설하고 있다. 이는 진리를 추구하는 고결한 사람이 직면하는 딜레마에 대한 인식을 표현하고 있다. 즉, 지상의 권력이 신의 법이 아닌 "인간의 법"(man's laws; 94)으로 진리를 추구하는 자를 재판하지만, 이 세속적인 권력에 순응하는 것은 영적인 죽음을 수반한다는 사실이다.

계속해서 시의 화자는 스페인의 필립(Philip) 2세와, 교황무오설을 주장하며 세상의 권력자들에 대한 권력을 확고히 한 교황 그레고리(Gregory) 7세나 그레고리 14세, 영국 국교회의 창시자 헨리(Henry) 8세, 그리고 종교개혁자 마르틴 루터(Martin Luther) 등 세속적인 권력이나 교회의 권위를 대표하는 왕과 교황과 개신교와 가톨릭의 종교 개혁가들을 열거한다. 그러면서 이들 모두가 신의 눈에는 단지 "마지막 날"(the last day; 95)에 심판을 받아야 하는 인간에 불과하다는 사실을 강조하고 있다(95-99행). 그는 신교와 구교 사이의 갈등을 언급하면서 어느 한쪽이 옳다는 사실을 말하기보다는, 신앙의 갈등을 반영하며 이들 둘 모두를 거부하고 있는 것이다. 그러면서 외부 권력과 권위의 영향을 배제하면서 참된 진리와 종교를 찾기 위해서는 각 개인의 책임과 자율이 얼마나 중요한 것이지를 강조하고 있다. 시인은 개인의 양심과 국가의 법 사이의 갈등을 극화하면서, 개인의 양심에 미치는 국가의 종교의 영향에 문제를 제기하고 있다고 하겠다(Wiggins 41). 이러한 맥락에서 프로테스탄트와 가톨릭, 그리고 세속적인 권력과 종교적인 권력을 포함하여 모든 종류의 권력을 비판하고 있는 「풍자시 3」은 스트라이어의 주장처럼 16세기 유럽에서 가장 급진적인 사상을 구체적으로 표현하고 있는지도 모른다(Strier 283-321).

그러면 인간이 택할 수 있는 최상의 길은 무엇일까? 이에 대해 시는 권력이라는 강물의 상류에 살면서 하나님을 믿는 것이라고 결론짓는다. 이를 통해 우리는 체제에 속하여 안정된 지위를 누리는 한편, 외롭게 참된 종교적 진리를 추구하기를 원한 시인의 분열되고 복합적인 욕망을 읽을 수 있다. 던은 "권력"과 "한계"에 관해 언급하면서 다음과 같이 자연스럽게 강의 이미지를 도입하고 있다.

> 그대는 권력의 한계를 알고 정당하게 권력에 복종하겠지.
> 권력은 일단 한계를 넘으면 그 속성과 이름이 바뀐다. 그러니
> 권력에 비굴하게 구는 것은 우상숭배이다.
> 권력은 강물과 같은 것. 거친 강물의 조용한 상류에 사는
> 축복받은 꽃들은 번창하고 잘 자란다.
> 그러나 그 근원을 떠나 폭군과 같은
> 사나운 강물에 자신을 맡기면, 아, 물방앗간과 바위와 숲을 지나

떠내려가다가 마침내 거의
소진되어 바다에서 사라져 버린다.
신이 맡긴 것보다, 신이 위임한 권력이 아닌 인간의 부당한 권력을
더 선택한 영혼들은 그렇게 멸망한다.

That thou mayest rightly obey power, her bounds know;
Those past, her nature, and name is changed; to be
Then humble to her is idolatry.
As streams are, power is; those blessed flowers that dwell
At the rough stream's calm head, thrive and prove well,
But having left their roots, and themselves given
to the stream's tyrannous rage, alas are driven
Through mills, and rocks, and woods, and at last, almost
Consumed in going, in the sea are lost:
So perish souls, which more choose men's unjust
Power from God claimed, than God himself to trust. (100-10)

용기가 정도를 지나치면 무모함이 되듯이, 복종도 지나쳐서 비굴하게 행동하면 이는 "우상숭배"라는 죄에 빠지는 것임을 경고하고 있다. 이러한 맥락에서 권력도 도를 넘어 지나치게 되면 그 속성과 이름이 바뀌어 폭군과 같이 된다는 사실을 지적한다. 이 행들은 시인의 초점이 "연인인 훌륭한 종교"(mistress fair religion; 5)에서 정치와 통상의 문제로 옮겨 감을 보여주고 있다. 즉 시의 마지막 부분은 종교적인 권력뿐만 아니라 정치적 · 경제적 권력의 파괴적인 잠재력까지도 경고하고 있는 것이다(Herek 193).

여기서 강물은 군주의 권력을 의미하고 있는 것이 분명하다. 모든 개인은 자연히 권력을 향하여 나아가게 되어 있지만, 이 권력은 폭군과 같고

불가항력적이며 잔인하고 가혹한 속성을 지니고 있음을 이들 시행은 암시하고 있다. "폭군과 같은 / 사나운 강물에 자신을 맡기면"이란 구절은 신앙을 저버리고 세속적인 권력에 복종하는 것을 말한다. 인간은 권력에 대한 이기적인 욕망으로 인해 뿌리째 뽑혀 버리고 자신이 마땅히 지켜야 할 자리를 떠나 버린다는 것이다. "일단 한계를 넘으면"(Those past) 권력은 인간을 걷잡을 수 없는 파멸로 몰고 갈 수 있다. 그러므로 지상 권력의 궁극적인 근원이 신이라는 사실을 알고 "거친 강물의 조용한 상류에 사는 축복받은 꽃들은 번창하고 잘 자란다"고 시인은 표현하고 있다. 신에게만 복종하는 자들이 "축복"받고, "번창"하고, "잘 자란다"고 말함으로써 시인은 이것이 인간이 선택할 최선의 길임을 암시하고 있다.

시의 화자는 이런 지상 권력의 대표로 앞서 교황과 국왕, 종교개혁가 등을 열거하였지만, 그에게 있어서 참된 종교와 진리를 찾아 나서는 데 직접적으로 가장 장애가 되고 두려운 권력자는 누구였을까? 여기서 우리는 앞에 구체적으로 거론한 권력자는 모두 남성들이지만, "권력"(Power)을 의인화하여 지칭한 대명사는 모두 여성(her)이라는 사실에 주목할 필요가 있다. 이에 대해서 슬로안은 "한계"를 넘어 "폭군과 같은 사나운 강물"이 되어 "부당한 권력"을 휘두를 수 있는 권력자는 바로 엘리자베스 여왕을 의미하는 것이라고 주장한다(Sloan 24-25). 이 풍자시가 정확하게 언제 창작되었는지는 알 수 없지만, 물과 같은 속성을 지닌 여성 인물로 그려진 군주의 권력에 대한 불안과 걱정이 표현되고 있는 것으로 미루어 대체로 엘리자베스 여왕이 통치하던 시기의 것으로 분류하고 있다. 귀보리 역시 시의 화자가 자신을 "축복받은 꽃들"과 동일시하고 부정한 군주를 사나운 강물이라고 표현하면서, 마지막 복잡한 시행들을 통해 군주의 권력에 대한 두려움과 함께 그에 대한 저항감을 구체적으로 드러내고 있는 것으로 해석하고 있다(Guibbory, *Elegies* 36). 화자는 지상의 통치자들에 대한 우상숭배와 같은 복종을 거부하고 모든 권력의 근원인 신을 상징하는 조용한 상류에 거함으로써 궁극적인 안전을 찾게 되기를 바라고 있는 것이다.

던은 이 시에서 탐욕과 이기적인 욕망을 풍자하고 있다. 앞서 등장한 종교를 맹목적으로 추구하는 미레우스와 크란츠, 그라이우스, 프리기우스, 그리고 그라쿠스는 모두 구원을 얻기 위한 열망에서가 아니라 이기적인 동기에서 종교를 찾는 자들을 예시하고 있다. 그러나 자기중심적이고 이기적인 동기는 종교의 영역에만 국한된 것이 아니다. 탐욕은 권력과 연관된 악이며, 이 권력은 마치 진리의 산에 있는 빙하가 녹아 내려 강을 이뤄 흐르는 물과 같은 모양을 하고 있다고 말한다. 헤렉은 이 강이 당시 유럽의 심장부를 통과하는 수로와 강들을 지칭한 것으로 보고 있다. 또한 이 강물이 "물방앗간과 바위와 숲을 지나" 흐른다고 특별히 "물방앗간"을 언급한 것은 런던의 경제적 성장과 함께, 경제 성장의 기회가 종종 타락과 부패의 기회로 변모된 사실을 염두에 둔 것이라는 흥미로우면서 나름대로 설득력이 있는 주장을 펴고 있다(Herek 194). 이처럼 「풍자시 3」에서 던은 철학자에서 모험가, 그리고 산으로부터 강에 이르기까지 주제와 관련된 아이러닉한 인유뿐만 아니라 시어의 선택에 있어서도 다의적이고 애매한 표현을 사용하여 시에 유동성을 부여하고 있다. 이는 독자들을 혼란스럽게 하기 위한 것이라기보다는 시가 말하고자 하는 바를 독자들이 보다 깊이 탐구하도록 하기 위한 것으로 보인다. 즉 던은 독자들이 풍자시의 언어를 이해하기 위해 애쓰게 함으로써 진정한 종교를 찾는 데도 그만큼 노력을 하기를 희망하고 있는 것이다.

사법 제도와 법조인에 대한 풍자: 「풍자시 2」와 「풍자시 5」

■ 당시 영국의 타락한 법관과 법률제도를 비판하고 공격하고 있는 「풍자시 2」("Satire 2")는 파렴치한 법관이 되어 개인의 치부를 위하여 법을 악

의적으로 이용하는 한 나쁜 시인을 풍자의 대상으로 삼고 있다. 1594년경 창작된 이 시는 변호사가 쓴 것으로 추정되는 저자 미상의 소네트 연작인 『제퍼리아』(*Zepheria*)가 출판되자, 이에 응답하는 형식으로 되어 있다. 여러 가지 정황으로 볼 때 「풍자시 2」의 창작 시기는 대략 자신의 남동생 헨리(Henry)가 가톨릭 신부를 숨겨준 죄로 뉴게이트(Newgate) 감옥에 갇혀 있다가 역병으로 죽은 1593년 이후에서 던이 이거튼 경의 비서가 되는 1597년경 이전 정도로 생각된다.

시인이면서 변호사인 코스커스(Coscus)의 악에 대해 언급하면서 그에 대한 "미움"(hate)을 토로함으로써 시는 시작된다. 형편없는 시인과 나쁜 변호사는 로마 풍자시에서부터 흔히 다뤄진 주제이지만, 코스커스와 같은 한 인물 속에 이 두 자질이 결합되어 풍자되는 예는 거의 없었다(Lein 133). 화자는 그가 변호사로서 저지르는 죄악에 비하면 나머지 죄는 단지 "연민"(pity)을 불러일으킬 정도이며, 형편없는 시를 써서 먹고 사는 시인으로서 그가 끼치는 해악은 "가난하고 무력한 가톨릭 교도처럼 미워할 가치조차 없다"(poor, disarmed, like papists, not worth hate; 10)라고 말한다. 계속해서 화자는 시로써 여성의 사랑을 얻으려는 것은 마치 마법의 주문으로 사람을 해하고 두려움을 주려는 것같이 낡은 생각이라고 하면서, "(거지처럼) 다른 사람의 재치의 열매를 / 씹어 먹고는, 그의 게걸스러운 밥통에서 / 천하게 소화하여, 그것을 자신의 것인 양 토해 내는 자가 / 가장 나쁘다"(he is worst, who (beggarly) doth chaw / Others' wits' fruits, and in his ravenous maw / Rankly digested, doth those things out spew, / As his own things; 25-28)라며 표절을 일삼는 형편없는 시인들을 공격하고 있다. 시인이라고 할 수도 없을 정도였던 코스커스는 막상 변호사가 되자 그 직함을 가는 곳마다 그물이나 덫처럼 던지는가 하면, 법정에서 쓰는 말을 구사하여 자신을 과시함으로써 여성들의 환심을 사서 그들을 유혹하려고 한다. 이러한 그를 가리켜 화자는 "단지 돈을 벌려고 / 법을 선택한 이는, 뻔뻔스러운 자여, / 창녀촌의 매춘부보다 못한 인간이라고 생각한다"(men which choose / Law practice for mere gain, bold soul, repute / Worse than embrothelled strumpets prostitute; 62-64)라며 신랄하게 공격한다. 던은 코스커스가 변호사로서 사기를 치며 저지르는 악행에 비하면 그가 이전에 시인으로서 자행한 표절 따위는 아무렇지도 않은 죄라는 어투로 말하고 있는 것이다.

또한 소송인에게나 판사에게도 뻔뻔스럽게 거짓말을 일삼음으로써 부를 축적하고 남의 땅을 착복하는 코스커스에 비하면 "서출이 왕위를 요구하는 것도, / 성직자들 사이에 만연하는 성직 매매와 남색도, / 그가 저지르는 이런 짓들만큼 많지 않다"(Bastardy abounds not in kings' titles, nor / Simony and sodomy in churchmen's lives, / As these things do in him; 74-76)며 그를 비판하고 있다. 그러면서 타락하고 부패한 당대의 정치와 종교계에 대해서도 일침을 가하고 있다. 던은 사치와 향락으로 재산을 탕진하는 상속자의 유산을 노리면서 그가 죽기를 바라며 몰래 지켜보는 코스커스를 "사탄도 그처럼 그들의 죄를 즐기지 않을 것이다"(Satan will not joy at their sins, as he; 80)라며 사탄보다 더 사악한 인물로 묘사하고 있다. 교만과 매춘과 간음과 나태와 위선과 성직매매와 사기와 같은 온갖 죄와 관련된 인물인 코스커스는 "그의 땅만큼 큰 양피지에 / 토지양도증서를 주해가 달린 민법만큼 두껍게 쓴다"(In parchments then, large as his fields, he draws / Assurances, big, as glossed civil laws; 87-88). 왜냐하면 그가 직접 작성하지 않고 대가를 지불하지도 않는 전문 대서인을 쓰기에 "길이를 아끼지 않는"(spares no length; 92) 것이며, 도저히 읽을 수 없을 정도로 서류를 길게 만드는 것이 법적으로 유리하다는 것을 알기 때문이다. 변호사인 코스커스가 토지양도증서를 긴 문서로 작성하는 것을 마치 루터(Luther)가 로마 가톨릭의 의식을 떠나 프로테스탄트가 된 후에 이전 수사로 있을 때보다 주기도를 길게 만든 사실에 비유한다.

마치 루터가 서품식 때 서원한
초기에는 수사로서 매일 묵주로 기도하므로
짧은 주기도를 원했으나, 사제직을 떠나자
주기도에 권세와 영광이라는 구절을 덧붙인 것처럼.

as in those first days
When Luther was professed, he did desire
Short *Pater nosters*, saying as a friar
Each day his beads, but having left those laws,
Adds to Christ's prayer, the power and glory clause. (92-96)

주기도문을 수정한 종교개혁가 루터를 비판한 위의 구절은 앞서 가톨릭 교도를 "가난하고 무력"하여 "미워할 가치조차 없다"라고 한 말과 함께 미루어 생각해 보면, 던이 이 시를 쓸 당시에 가톨릭에 대해서는 동정적이고 프로테스탄트에 대해서는 비판적인 입장을 취하고 있었음을 짐작할 수 있다(Lein 145). 던은 또한 술수에 능한 변호사 코스커스가 문서에서 결정적으로 중요한 구절을 빼버리는 것을 마치 신학자들이 자신들의 주장을 뒷받침해 주는 성경 텍스트만 인용하고 그렇지 않은 구절은 빼버리는 것에 빗대고 있다.

그러나 땅을 팔거나 바꿀 때 그는
그의 글을 줄이고, (남이 안 볼 때) 상속자의 이름을 빼버린다.
마치 주석가들이 난해한 구절이나 의미를
교묘히 비껴가듯이. 혹은 신학 논쟁자들이
정전으로 인용한 텍스트에서 의심의 여지를 없애기 위해
논쟁의 여지가 있는 단어들을 생략해 버리는 것처럼.

But when he sells or changes land, he impairs
His writings, and (unwatched) leaves out, *ses heires*,
As slily as any commenter goes by
Hard words, or sense; or in Divinity
As controverters, in vouched texts, leave out
Shrewd words, which might against them clear the doubt. (97-102)

던의 어조는 사법계와 비교해 볼 때 종교계의 타락도 그에 못지않을 뿐 아니라, 그보다 더 심하다고 말하는 것같이 들린다.

저 사들인 땅을 이전에 덮고 있던 그 나무들은
어디로 갔을까? 건물이 세워진 것도 없고 집안에서 태워진 적도 없으니.
옛 집주인의 사람들과 가난한 사람들에게 나눠주던 보시(布施)는 어디로 갔나?
대저택에서 먹게 되는 단식하듯 박한 음식과 천박하게 흥청거리는 술잔치를
난 똑같이 싫어한다. 중용이 축복을 불러오지. 부잣집에서
나는 동물들을 잡도록 명하지만, 그렇다고 막무가내로 죽이는 것은 아니다.
아무도 굶어죽지 않고, 폭식하지도 않을 지니. 그러나 아, 우리는
선행을 훌륭하다고 인정은 하지만, 이제는
늙고 부유한 이들의 옷장처럼 낡았다네. 허나 어느 누구도 내 말이
거대한 성문법에 저촉된다고 말하지는 못해.

Where are those spread woods which clothed heretofore
Those bought lands? not built, nor burnt within door.
Where's th' old landlord's troops, and alms? In great halls
Carthusian fasts, and fulsome bacchanals
Equally I hate; means bless; in rich men's homes

I bid kill some beasts, but no hecatombs,
None starve, none surfeit so; but oh we allow,
Good works as good, but out of fashion now,
Like old rich wardrobes; but my words none draws
Within the vast reach of the huge statute laws. (103-12)

화자는 분개한 어조로 "저 사들인 땅을 이전에 덮고 있던 그 나무들은 / 어디로 갔을까? 건물이 세워진 것도 없고 집안에서 태워진 적도 없으니"라며 풍경마저도 파괴적인 퇴락의 과정을 겪고 있음을 한탄하고 있다. 레인(Clayton Lein)은 "사들인 땅"이 코스커스가 착복한 귀족이나 수도원 소유의 영지를 지칭하며, 이는 귀족계급이 새로운 중상주의의 먹이로 전락하는 상황을 보여준다고 주장한다(136-37). 시의 결말 부분에서 시인은 사라져 버린 숲과 함께 유행이 지나가 버린 옷에 대한 언급을 통해 고의적인 파괴로 인하여 이제는 잃어버린 아름다움에 대한 안타까움을 토로하고 있다. 선행과 같이 과거에 높이 평가했던 가치에 대해서 옷과 유행의 이미지를 사용하여 "훌륭하다고 인정은 하지만, 이제는 / 늙고 부유한 이들의 옷장처럼 낡았다"고 새로운 평가를 내리고 있다. 옛날의 화려한 옷처럼 그 자체는 비록 훌륭하고 아름답고 우아하다고 할지라도, 변덕스럽게 유행은 변해 버렸음을 말하고 있는 것이다. 아무리 화려한 시절도 세월이 흐름에 따라 쇠퇴되기 마련이라는 사실을 상기시키는 구절이다(Lein 135-36). 화자는 시의 마지막 두 행에서 "허나 어느 누구도 내 말이 / 거대한 성문법에 저촉된다고 말하지는 못해"라고 말함으로써 이 시에서 풍자하려는 주 대상이 법이라는 사실을 밝히고 있다. 그와 동시에 던이 변호사와 사법계의 부패와 타락상을 공격하고 있는 자신의 풍자시로 인해 법에 의해 고소를 당하지나 않을까 하는 두려움을 느끼고 있음을 엿보게 한다.

■ 변호사의 부정부패를 풍자하고 있는 「풍자시 2」에 반해, 다음에 읽을 「풍자시 5」("Satire 5")는 법집행 관리의 타락을 집중적으로 조명하고 있다. 16세기 말 영국 사회의 타락상에 대해 신랄하게 풍자하면서, 던은 「풍자시 5」에서 이 시대를 "녹슨 철기 시대"(age of rusty iron; 35)라고 일컫고 있다. 엘리자베스 시대의 법과 관리들의 부패상에 초점을 맞추고 있는 이 시는 여왕의 신임 국새상서(Lord Keeper)인 토마스 이거튼 경(Sir Thomas Egerton)을 위해 쓰인 것으로 보인다. 당시 이 법 체제의 책임자는 이거튼이며 궁극적으로는 엘리자베스 여왕이라고 할 수 있다. 여왕("Greatest and fairest Empress"; 28)과 이거튼 경("You Sir"; 31)에 대해 직접 조언을 하는 형식을 취하고 있는 이 시는 다른 풍자시와는 성격을 달리 하고 있다. 그 이유에 대해 패터슨은 당대의 상황을 지옥과 같은 밑바닥으로 인식한 시인이 사회로부터 거리를 두고 비웃기만 하던 지금까지의 풍자가의 자세를 버리고, 그 실제적인 탈출 방안으로 내부로부터의 개혁을 모색하면서 온건한 제안을 하는 방향으로 태도의 변화를 보이고 있는 것으로 해석하고 있다. 이거튼의 조카딸인 앤 모어와 비밀리에 결혼함으로써 자신의 직위에서 파면당하고 투옥당하기까지 한 던에게는 그가 처한 위기로부터 벗어나기 위해 모종의 타협과 조정을 할 필요성이 절박했으리라는 사정도 무시할 수 없을 것이다. 오년 내지 육년에 걸쳐 풍자시를 쓰는 동안 사회에 대한 시인의 지식과 분석력도 커지고 환멸감도 증가함에 따라, 모종의 절충이 그 뒤를 이은 것이라는 패터슨의 분석이 설득력 있게 들린다 (Patterson 120).

궁정에서 가난한 탄원자들이 겪는 비참한 상황을 다루고 있는 이 시는 헛되이 뇌물을 바치고는 법집행 관리에게서 긴 연설을 조용히 듣고 있는 젊은이에게 화자가 말하는 형식으로 시작하고 있다.

뮤즈여, 그대는 이 책의 한 장을 읽고 웃어서도 안 되고 어떤 연민으로 그들에게 호의를 가져서도 안 되오.
궁정인을 만드는 규정을 마련한 그는 (그는 훌륭한 궁정인들을
만들 것으로 생각되지만, 대체 궁정인을 선하게 만들 사람은 누구지?)
극도로 가련한 자와 사악한 자들에 대해서는
신랄한 조롱을 하지 않는다. 가련하고 악한 이들은
내게 자선과 자유라는 주제를 부여하네.

Thou shalt not laugh in this leaf, Muse, nor they
Whom any pity warms; he which did lay
Rules to make courtiers, (he being understood
May make good courtiers, but who courtiers good?)
Frees from the sting of jests all who in extreme
Are wretched or wicked: of these two a theme
Charity and liberty give me. (1-7)

「풍자시 5」는 「풍자시 4」에서와 마찬가지로 궁정 세계를 상세하게 다루고 있는데, 던의 시에는 궁정의 매력에 이끌려 출세하고 싶은 마음과 함께 궁정과 궁정인에 대한 신랄한 비판 등 양면적인 태도가 동시에 드러나 있다. 위의 구절에서 "궁정인을 만드는 규정을 마련한 그"는 『궁정인의 책』(*The Book of the Courtier*)을 쓴 16세기 이탈리아의 카스틸리오네(Baldesar Castiglione)를 가리킨다. 그는 이 책에서 이상적인 궁정인이 갖춰야 할 자질과 덕목, 처세술 등에 관한 지침을 제시하면서, 궁정인이 웃음을 자아내는 방법과 범위에 대해 다음과 같이 언급하고 있다.

불행이나 재난을 당한 어리석은 사람을 조롱하고 비웃는 것은 웃음을 자아내지 않으며, 사악한 악당과 천박하고 상스러운 인간을 조롱하

고 비웃는 것도 마찬가지다. 왜냐하면 이들 악한 이들은 조롱을 받을 것이 아니라 벌을 받아야 마땅하다고 생각되기 때문이다. 그리고 사람의 마음은 불행에 처한 자들이 스스로 떠벌리거나 자랑하고 거만하게 굴지 않는 한 가련한 자들을 조롱하려고 하지 않는다. … 동정심을 불러일으킬 만큼 비참하지 않고, 극형을 받을 만큼 사악하지 않은 사람, 혹은 아주 사소한 분노로도 다른 누군가에게 커다란 해를 끼칠 수 있을 만큼 높은 자리에 있지 않은 사람들의 악을 조롱거리로 삼고 웃는 것은 괜찮다.

it provoketh no laughter to mocke and scorne a sillie soule in miserie and calamitie, nor yet a naughtie knave and common ribauld, because a man would thinke that these men deserved to be otherwise punished, than in jeasting at. And mens minds are not bent to scoffe them in miserie, unlesse such men in their mishappe bragge and boast of themselves, and have a proud and hautie stomacke. … it is not amisse to scoffe and mocke at vices that are in persons not of such miserie that it should move compassion, nor of such wickednesse that a man would thinke they deserved not to goe on the ground, nor of such authoritie, that any litle displeasure of theirs may be a great hinderance to a man. (Castiglione 138-39)

던은 카스틸리오네에 대해 언급하면서 "그는 훌륭한 궁정인들을 / 만들 것으로 생각되지만, 대체 궁정인을 선하게 만들 사람은 누구지?"라고 의문을 표함으로써, 훌륭한 궁정인이 반드시 선하고 도덕적이지는 않다는 사실을 지적하면서 당시 궁정인들의 타락상을 꼬집고 있다. "가련하고 악한 이들은 / 내게 자선과 자유라는 주제를 부여하네"라는 말은 가련한 자를 불쌍히 여길 연민과 악한 자들을 비난할 자유가 풍자시인인 던 자신에게 있음을 의미한다.

이 「풍자시 5」는 시작하는 부분에서 짐작할 수 있듯이 비방하고 욕하는 분위기와는 다르게 분노보다는 연민 쪽으로 기운 듯이 보인다. 그래서 비평가들은 이 시가 지닌 풍자적 강도가 다른 시들에 비해 약하다고 보지만, 패터슨이 말한 바와 같이 이는 다분히 의도적으로 보인다. 즉 풍자시로서는 약할지 모르지만, "하급심의 권력은 / 제일 위 상부로부터 나오는 것이니"(power of the courts below / Flow from the first main head; 45-46)라며 제도의 문제점을 그 근원으로 거슬러 올라가 추적하고 있으므로 사회정치적 분석에 있어서는 훨씬 강력하고 일관성이 있다는 말이다(Patterson 125). 이는 종교와 법의 제도가 결탁하여 가톨릭을 탄압하는 현실을 개탄하는 다음 구절을 통해서 여실히 볼 수 있다.

금욕주의자, 겁쟁이, 게다가 순교자가
문장원 속관이 들어와서
그의 모든 의복과 외투, 책, 소기도서를, 그리고 모든
그의 그릇이랑 성배를 금지품목으로 공포하고는 그걸 속여 빼앗고
자신이 왕래한 데 대해 보수를 요구하는 것을 보는 건
화나게 하는 일이 아닌가? 오, 공정한 법의
희고 거룩한 이름이 도둑질을 보장해 줌으로써
결코 매춘부같이 더럽혀지지 않기를.

Would it not anger
A stoic, a coward, yea a martyr,
To see a pursuivant come in, and call
All his clothes, copes; books, primers; and all

His plate, chalices; and mistake them away,
And ask a fee for coming? Oh, ne'er may
Fair Law's white reverend name be strumpeted,
To warrant thefts. (63-70)

여기서 화자는 앞서 「풍자시 2」에서와 마찬가지로 깨끗하고 거룩해야 할 공정한 법의 이름이 변질되고 타락하여 매춘부같이 더럽혀졌다고 신랄하게 비판하고 있다.

시의 결말은 바보 같은 "너"에 대해 하는 말로 마무리하고 있는데, 이 인물은 법에 호소하는 원형적인 탄원자이며 그는 바로 던 자신일 수도 있다(Patterson 126). 그러면서 법과 정의 같은 것을 믿는 위험하기 짝이 없는 환상에 대한 경고로 끝맺고 있다.

아 가엾은 이여, 너의 운명은 이솝우화에 도덕적 교훈거리를 주고
이솝 이야기는 네 운명에 예언이 되는구나.
너는 그림자에 속아 사라져 버린 것을 위해 물에 뛰어들었다가
허우적거리며 거의 빠져 죽을 지경에 처한 개라네.

O wretch that thy fortunes should moralize
Aesop's fables, and make tales, prophecies.
Thou'rt the swimming dog whom shadows cozened,
And div'st, near drowning, for what vanished. (88-91)

이솝의 우화가 교훈적으로 가르쳐 주려는 것은 모두 윤리적인 것이다. 이솝의 "개와 그림자"의 이야기는 잘 알다시피 개가 물속에 고기를 물고 있는 자신의 그림자를 보고는 그것마저 욕심내다가 물에 빠져 결국 자기

가 가지고 있던 고기조차 잃어버리게 된다는 내용이다. 화자는 상대방을 개에 비유하면서, 법에 호소하여 정의가 실현되기를 바라는 등 사라져 버린 헛된 것에 욕심을 부리다가 자신이 지금 가진 재산조차 탕진하게 되는 어리석음을 훈계하고 있는 것이다.

■ 던의 풍자시는 루이스(C. S. Lewis)가 평한 바와 같이 로마의 풍자시에 비해 형식면에서도 거칠고, 내용적으로도 호라티우스(Horace)에게서 찾아볼 수 있는 명랑한 분위기나 유베날리스의 작품에서 가끔 느끼게 되는 장엄함을 다루고 있지 않다. 단지 경멸과 혐오감을 표현하며 단조롭게 시대의 부패상을 욕할 따름이다(Lewis 469-70). 이러한 특징은 던이 살던 시대에 풍자시가 저급하고 악한 세상에 대해 거칠고 모진 언어로 당대의 악을 공격하는 시로 인식된 사실 때문이기도 하다. 그럼에도 불구하고 그의 풍자시는 런던의 삶을 속속들이 역동적으로 옮겨놓고 있다는 점에서 놀랍게 다가오는데, 시의 화자는 그 시대의 색깔과 사치와 불결함과 폭력과 불안정함 등을 마치 어깨에 카메라를 메고 거리에 나가 찍듯이 생생하게 전달하고 있다(Sugg 47). 물론 오늘날의 독자의 입장에서는 수많은 사건과 장면이 그 시대의 눈과 귀로 보고 들은 대로 제시되기 때문에 그 내용을 정확하게 이해하기 어려운 점이 있기는 하지만 말이다. 던이 『풍자시』 시편들을 통해 성취한 업적은 비교적 짧은 시를 통해서 매우 정확하고 감각적인 내용을 상세하게 전달하고 있다는 점이다. 그는 『풍자시』를 통해 자기 시대의 부패상을 해부하면서 사회 제도와 전통에 대하여 회의적인 시각을 드러내고 있기도 하지만, 경박한 시대적 조류와 타락한 변호사와 관리, 궁정, 종교의 문제점을 진단하면서 나름대로 진리를 추구하며 모색하는 과정을 치열하게 그려내고 있다. 그는 엘리자베스 시대의 지나치게 장식적인 복장과, 연애시들에서 볼 수 있는 과장된 표현, 그리고 궁정 주변에서 흔히 있는 아첨과 법정의 타락상을 비웃고 공격하고 있다(King 374). 또한

정욕과 거짓된 종교와, 궁정인의 허영과 부패 등으로 타락한 인간의 일반적인 죄의 양상뿐 아니라, 재판관에게 뇌물을 바치는 구체적이고 특별한 악의 모습까지 다루고 있다. 놀라운 사실은 던이 법과 정부와 종교가 안고 있는 이 문제들에 대해 풍자가로서 또렷한 의식을 지니고, 부패하고 타락한 모든 것들이 서로 연관되어 있다는 사실을 직시하고 이를 제시하는 방식이다. 던은 로마의 풍자문학의 기법과 어조를 모방함과 동시에, 그 전통에 수정을 가하여 본질적으로 완전히 새로운 풍자문학의 세계를 보여주고 있다. 그가 르네상스 문학에서 찾아보기 힘든 구체적이고도 정확한 묘사로 풍자문학의 새로운 지평을 열었다는 점과 함께 그의 풍자시가 매우 극적이라는 사실이 제대로 평가되어야 할 것이다.

제3부

던 비평의 역사와 던의 생애

던 비평의 역사와 던의 생애

던 비평의 역사

오늘날 가장 높이 평가되는 던의 시들은 그의 당대에도 인기가 있었지만, 문학사적 측면에서 그가 합당하게 뛰어난 시인으로 인정받는 데는 다른 시인들보다 훨씬 더 오랜 시간이 걸렸다. 심지어 던의 시에 대해 잘 알았던 동시대인들조차도 다른 이유에서이긴 하지만 이들 시의 미래에 대해 우려했었다. 던을 "어떤 점에서는 세상에서 최초의 시인"이라고 칭송한 벤 존슨(Ben Jonson)도 불규칙적인 운율 때문에 그가 "교수형 감이다"라고 단언했으며, "이해되지 않아서 던은 아마 사라질 것이다"라고 예언했다. 던에 대하여 최초의 전기를 쓴 작가인 왈튼(Izaak Walton)의 주장에 따르면, 던은 젊은 날 대부분 시를 뿌리고 다녔고, 그 시들이 열매를 맺지 못하거나 생명력이 짧아서 사라지는 것을 보기 원했다고 한다. 그러나 다른 예술가들처럼 던은 그가 남긴 문학 작품이 자신보다 더 오래 살아남아 읽히고 연구됨으로써 오늘날에도 여전히 살아서 생명력 있는 작가가 되었다.

일반적으로 던은 젊은 시절 방탕한 삶을 살았던 것으로 이야기된다. 그러나 던과 함께 법학원에서 젊은 날을 보낸 베이커 경(Sir Richard Baker)에 따르면 1640년대의 던의 삶은 "방탕하지 않고 아주 정결했으며, 숙녀들을 찾는 위대한 방문객이며, 연극을 보는 위대한 단골 관객이고, 기상이 깃든 운문을 쓰는 위대한 작가"였다고 한다. 그리고 나중에 제임스 왕의 격려로 "신학을 공부하게 되고,… 세인트 폴 성당의 수석사제가 된다. 그리고 아주 드문 위대한 설교자가 되어 그의 설교를 듣는 모든 사람들로부터 존경을 받았다"라고 평가를 내리고 있다.

던은 자신의 작품이 널리 퍼져서 읽히지 않도록 적극적으로 관리하려고 했고, 살아 있는 동안에는 출판을 거의 하지 않았으며, 몇 편의 시를 인쇄한 뒤에는 후회했다. 그러나 그는 많은 시들을 수서본(manuscript) 상태로 주변의 친구와 지인들에게 돌려서 읽게 했고, 『위급한 때의 기도문』(*Devotions upon Emergent Occasions*, 1624)을 인쇄했으며, 사후에 출판할 목적으로 그의 설교집을 신중하게 준비했다. 던이 로버트 커 경(Sir Robert Ker)에게 "이 책은 던 박사(Dr. Donne)가 아니라 젊은 날의 던(Jack Donne)이 쓴 책이다"라며 『자살론』(*Biathanatos*) 원고를 주면서, 이 원고를 한편으로는 "출판"되지 않도록, 그리고 또 한편으로는 "불"로부터 지켜서 태워지지 않도록 잘 보관하라고 지시하였는데, 이를 통해 자살을 옹호한 이 글에 대한 던의 복잡한 심경을 엿볼 수 있다.

던의 명성은 그가 죽은 지 2년 후인 1633년에 출판된 『시집』(*Poems*)에서 구축되기 시작하였으나, 이 위대한 설교자의 삶과 죽음에 대해 왈튼이 해설을 붙인 『설교집』(*LXXX Sermons*, 1640)이 나옴으로써 시인으로보다는 설교자로서 주로 인식되는 변화를 보인다. 그후 삼십 년 동안, 더 많은 시와 설교집, 산문 편지, 그리고 작가의 젊은 날의 작품이 출판됨으로써 그의 인지도는 강화되었다. 그러나 17세기 후반 영국 문학계가 급격하게 변화할 때 그의 글들이 이해되기를 바랐던 던의 희망은 좌절되었다. 이후 거의 2세기 동안 그의 작품들은 읽히지 않았다.

1633년 던의 시집이 출판되자 그의 죽음을 애도하는 시("Elegies on the Authors Death")에서 케어리(Thomas Carew)는 그를 "전 세계 기지의 왕중 왕"(King of the universall Monarchy of wit)이라고 선언하며 시와 설교 두 분야 모두에서 던의 탁월함을 인정했다. 그러나 브라운(Thomas Browne) 같은 사람은 에로틱한 열정과 기독교와의 공존성에 대해 약간 부정적인 평가를 내리기도 하였다. 이후 1635년에 출판된 그의 시집에서 남녀 간의 노골적인 사랑을 노래한 엘레지와 같은 시가 빠진 것은 세인트 폴 성당의 수석사제에 더 걸맞게 여겨지는 방향으로 책의 출판이 변화되어 갔음을 보여준다. 이러한 암시는 던의 초상화 아래에 왈튼이 쓴 짧은 글, 즉 이 책은 "사랑으로 시작하지만, 한탄과 죄로 인해 흘리는 눈물로 끝나다"라고 적힌 구절에서 잘 나타난다.

17세기 중반을 지나면서 던은 특별히 시인으로서 기억되는데 그의 시집은 1669년까지 5번의 추가 판본이 나왔으며 그의 시들은 원고 모음집으로 계속 인쇄되었다. 당대에 활동한 많은 시인들, 즉 서클링 경(Sir John Suckling)과 카울리(Abraham Cowley), 필립스(Katherine Philips), 마블(Andrew Marvell), 드라이든(John Dryden)과 같은 캐롤라인 궁정 작가들은 던의 작품을 연상케 하는 연애시나 장례시를 썼다. 이러한 많은 시 작품에서 던은 계속 경쟁의 대상이 되었다. 그의 시가 많은 시인들에게 영감을 주어 모방의 대상이 되었다는 사실은 던의 시가 독창성을 지녔다는 점을 더욱 분명하게 해주는 것이다. 이후 유행하는 시의 형태가 변하고 서정시의 중요성이 줄어든 17세기 후반에 던은 "최고의 시인은 아니지만, 가장 위대한 기지의 시인"(the greatest Wit, though not the best Poet of our Nation)으로 기억되었다. 비록 드루몬드(Drummond of Hawthornden)가 던의 시가 "형이상학적"(metaphysical)이라고 최초로 언급했을지는 모르지만, 그 용어를 계속 살아남아 있게 한 사람은 바로 드라이든이었다. 드라이든은 던은 "풍자시뿐만 아니라 연애시에도 형이상학을 사용하여, 여인의 마음을 사랑의 감미로움으로 즐겁게 해주어야 할 때도 지나친 철학적 사색으로 여성의 마음을 당황하게 한다"고 불평하면서, 던의 부자연스러움과 불성실함을 비난함으로써 던의 시를 사람들의 기억에서 떠나게 했다.

18세기에는 던의 글과 왈튼의 전기는 절판되었고, 던은 당시 문학사에서 거의 완전히 사라졌다. 1669년과 1779년 사이에 단 한 권의 시집만 출판되었다. 던의 시는 시 선집에 좀처럼 포함되지 않았고 그의 시집이나 설교집 사본을 소장한 개인 서재도 거의 없었다. 1770년대 무렵 던은 존슨(Samuel Johnson)이 집필한 『시인들의 생애』(*Lives of the Poets)* 평전에 나오는 작가 그룹에서도 완전히 제외되었다. 풍자시를 제외하고는 던의 작품 중 어떤 것도 알려진 것이 없다는 평가가 나올 정도였지만 던이 완전히 잊힌 것은 아니었다. 포프(Alexander Pope)는 던의 풍자시 두 편을 "번역하는" 일을 떠맡았을 때 당대 사람들의 귀에 거슬리지 않고 쉽게 만들기 위해 던의 풍자시를 거세해 버렸다. 하지만 포프는 선배인 던에 대한 존경심을 가지고 있었으며, 던을 소수 학파의 수장으로 묘사하고, 시로 번역한 글 바로 옆에 원본을 실어 인쇄했다.

『카울리 전』(*Life of Cowley*)에서 존슨은 던을 상세히 다루면서 그의 시가 거친 스타일과 음악적이지 못한 시행, 설득력 없는 비유를 담고 있다고 비판한 흔하고 진부한 비평에 맞서서 새로운 흐름을 제공해 주었다. 존슨은 "형이상학파 시인들"은 학자들이고 그들의 학식은 그들의 전적인 노력을 보여준다고 썼다. 하지만 존슨이 이별하는 연인들을 나침반의 두 다리로 비유한 「슬퍼하지 말라는 고별사」("A Valediction: Forbidding Mourning")에서 형이상학파 시인들이 전혀 닮은 곳이 없이 이질적인 두 개념을 "폭력"을 사용하여 억지로 하나로 결합하여 확장함으로써 그들의 작품이 가끔씩 "풍부한 독창성"을 보여준다고 인정하지만 이는 결코 순전히 칭찬하는 말은 아니다. 존슨은 이전 시대의 형이상학적인 관행을 "새롭고 낯선 어떤 것을 추구함으로써 자연스러움으로부터 벗어나고자 하는 의도를 가진 일탈"로 간주하며 탐탁지 않게 여기는 그 시대의 흐름에 속해 있었다. 그럼에도 불구하고 존슨이 언급했던 말은 던을 관심의 대상으로 만들었다.

19세기에는 1811년에 코울리지(Samuel Taylor Coleridge)가 던의 시집

을 읽고 그가 시를 조직하고 통일하기 위해서 어떻게 기지를 활용하였는지를 알게 되었을 때 환희에 찬 놀라움을 표현하였다. 코울리지가 형이상학 시를 읽는 것에 대한 결정적인 돌파구를 만들었지만 이 시들이 널리 읽히기까지는 또 다시 백 년 이상의 시간이 더 걸렸다. 20세기 중반의 "새로운" 비평가들과 함께 우리는 던과 같은 진정한 천재는 결국은 필연적으로 인정받게 된다는 사실을 알게 된다. 20세기 중반에 던은 모더니즘의 선구자로서 자리매김하였고, 이는 엘리엇(T. S Eliot)이 그를 발굴함으로써 가능했던 것으로 여겨진다.

하지만 던이 작가로서 부활하게 된 것은 19세기 들어 왈튼이 쓴 던의 전기에 대한 관심이 증폭된 데 힘입은 바 크다. 19세기 중반에는 왈튼이 쓴 던의 전기를 읽은 독자가 그의 시를 읽은 독자의 100배가 된다는 말이 있을 정도였다. 던의 전기는 두 가지 측면에서 큰 흥미를 불러일으켰다. 왈튼이 "그의 인생에서 눈에 띄는 실수"(the remarkable error of his life)라고 표현한 던의 은밀한 결혼과, 제2의 성 어거스틴이라고 말할 수 있을 정도로 젊은 날의 던의 특유한 행동에 대한 함축이 그것이다. 이는 던이 사랑 때문에 결혼했고 후에 성공회 목사가 되었다는 사실이 마치 성 어거스틴을 연상하게 하면서 흥미를 자아내었을 것이다. 이와 같은 전기의 요소가 결국 시에 대한 흥미를 촉진시키게 된다. 예를 들어 제임슨(Anna Jameson)은 여러 번 인쇄된 자신의 책 『시인들의 사랑』(*Loves of the Poets*)에서 던이 한때는 작가로서 칭송을 받았음을 인정하면서도, 앤 모어와 던의 결혼 생활에 대한 로맨틱한 이야기를 다루면서 "그의 박식하고 형이상학적이며 신학적인 작품들보다 결혼생활 이야기가 더 흥미롭다"고 말한다.

한편 던의 시들은 브리튼 섬에서는 어느 누구에게도 잘 알려지지 않았지만 미국에서는 상당한 독자를 얻고 있었다. 에머슨(Ralph Waldo Emerson)이 1719년 판을 손에 넣게 되면서 던에 대한 흥미가 보스턴을 중심으로 번져 나갔다. 쏘로우(Henry David Thoreau), 풀러(Margaret Fuller),

롱펠로우(Henry Wordsworth Longfellow), 로웰(James Rusell Lowell) 등이 대표적 인물이다. 1855년에는 영국시인 전집을 위해서 드라이든을 편집하고 있던 로웰이 던도 포함시키자고 출판업자들을 설득했다. 1880년대 성 제임스 궁정에 파견된 미국 성직자였던 로웰은 미국으로 돌아와 새롭게 설립된 현대언어학회(Modern Language Association)의 회장직을 받아들였고 던을 편집하는 일을 다시 시작하였다. 로웰의 텍스트는 초기의 판본들을 수집하고 분석했던 그의 딸 버네트(Mabel Burnett)와 북미 최고의 단테 학자이자 로웰의 유작 관리자인 노턴(Charles Eliot Norton)에 의해서 출판되었으며, 편집에 대한 노턴의 지식은 1633년에 발표된 판본에 규범적인 지위를 부여하는 영향력을 발휘하였다. 노턴의 판본은 영국에서는 무시되었으나, 그리어슨(Herbert Grierson)이 새로운 총서를 준비하고 있을 때 노턴의 작품을 우연히 접하고 원고에 대해 연구할 필요성을 느끼게 된다. 1912년 출판된 그의 위대한 총서는 1980년대 초기에 집주판(*Variorum*) 기획이 시도되기 전까지는 이전에 시도된 어떤 것들보다 훨씬 더 광범위한 원문 대조를 기반으로 한 것이다.

그리어슨은 학문적인 배경으로 시인인 던에 대해 관심을 갖게 된 첫 번째 편저자이다. 이 사실은 좋든 나쁘든 20세기에 던의 운명의 많은 부분을 결정하게 된다. 젊은 시절 그리어슨은 에버딘(Aberdeen)에서 민토(William Minto) 교수의 조교로 있었는데, 민토 교수는 던에 대한 강의는 하지 않았지만 문예 동인 안에서 던의 작품 활동이 미친 영향에 대해 상당히 통찰력 있는 논문을 1880년에 발표했다. 던의 운문이 많은 독자들이 인정하는 것보다 훨씬 익살스럽기도 하면서 동시에 심각하기도 하다는 것과, 이러한 극단의 뜻을 가지고 있는 시들이 거의 알려지지 못했다는 것을 설명하면서 민토 교수는 던이 그의 동시대 시인 사이에서 높게 평가된 반면, 문학에서는 기껏 몇몇 연구학자들에 의해서만 연구되는 엄청난 실패자로 남을 것 같다는 도발적인 결론을 내렸다.

1870년대부터 영국에서는 던에 대한 관심이 커져가고 있었고, 세인트 폴 성당에 안치된 던의 기념비는 교회 지하실에서 200년 동안 보관되다가 복원되었다. 1890년대까지 던의 시들은 17세기 중반 이후로 그 어느 때보다 훨씬 더 많이 논의되었다. 노턴은 대서양을 가로질러 던을 학문 연구의 영역 안으로 끌어들이는 데 공헌했다. 17세기 판본들과 필사본들을 수집하고 던의 시들을 편집하면서, 노턴은 하버드 영어교육과정에서 던이 전 세계 그 어떤 대학에서보다 훨씬 중요한 의미가 있는 인물이 되도록 돕는다. 세인트 루이스에서 온 엘리엇(Tom Eliot)이라는 한 젊은 학생이 1906년 1월 브릭스(Le Baron Russell Briggs)의 강연을 통해 존 던을 처음 접하게 된다.

사실 1890년대 이후로 시몬즈(Arthur Symons)나 예이츠(W. B. Yeats), 브룩(Rupert Brooke)과 같은 많은 시인들이 열광적으로 던의 시 작품들을 읽었다. 1930년대까지 던은 새로운 과학에 대해 왕성한 관심을 보인 시인으로 생각되었으며, "새로운 철학이 모든 것에 대한 의심을 불러일으킨다"(New philosophy calls all in doubt)라는 구절이 자주 인용되곤 했다. 던은 연애시인으로서, 신사로서, 반항아로서, 풍자가로서, 우울한 청년으로서, 사제로서 등 다양한 입장에서 독자와 작가들에게 얘기했다. 오웬(Wilfred Owen)과 엠프슨(William Empson), 크레인(Hart Crane), 밀레이(Edna St. Vincent Millay), 그리고 스펜더(Stephen Spender) 등은 자신들의 시에서 던의 영향을 보여준다. 헤밍웨이(Hemingway)는 『누구를 위해 종은 울리나』(*For Whom the Bell Tolls*, 1940)의 제목을 『위급한 때의 기도문』의 17번 명상(Meditation 17)에서 가져왔으며, 그 후에 "아무도 섬이 아니다"(no man is an island)로 시작하는 구절은 영어 문장 가운데 성서를 제외하고 가장 널리 인용되는 구절 중의 하나가 되었다.

그럼에도 불구하고, 던에게 새로운 명성을 가져다 준 것으로 인정받는 사람은 바로 『황무지』(*The Waste Land*)의 작가인 엘리엇이다. 그리어슨이 『17세기 형이상학파 서정시와 시』(*Metaphysical Lyrics and Poems of the Seventeenth Century*, 1921)를 출판했을 때, 엘리엇은 이 책의 논평을 의뢰받았다. 던에 대해 관심을 가지고 있었던 엘리엇은 문학사의 내용을 수정할 수 있는 기회를 놓치지 않았다. 「형이상학파 시인들」("The Metaphysical Poets")이란 그의 논평이 거듭 출판되면서 17세기 후반에 "감수성의 분열"(dissociation of sensibility)이 일어났다는 엘리엇의 주장이 널리 전파되었다. 이 주장은 사상과 감정을 융합시키는 "통합된 감수성"(unified sensibility)을 가졌다고 일컬어지는 이전 시대의 작가들에 대한 추종을 불러일으켰다. 던은 스펜서와 밀턴보다 더 훌륭한 시인이라고 주장되었고, 대단히 지적이고 호기심 많으며 회의적이고 예리한 작가로 다루어졌다. 그는 모더니즘의 결정적인 선구자였으며, 그를 마침내 이해하게 된 것은 현대인의 특별한 영광이라고 여겨졌다. 엘리엇이 던에게 다소 흥미를 잃어가던 시기에 '예술가의 몰개성'(impersonality of the artist)에 대한 그의 이론은 무게의 중심을 전기(傳記)적 관심으로부터 옮겨서 맥락 연구(contextual studies)를 촉발시키는 데 도움을 주었다. 사상사를 연구하는 학자들은 던의 작품들을 중세시대 정신이나 신플라톤주의, 페트라르카 시풍, 그리고 새로운 과학이나 연금술 등과의 관계에서 평가하려고 시도하였다.

20세기 중반 무렵에 캘리포니아 대학 출판부는 10권 분량의 방대한 『설교집』(*Sermons*, 1953-62)을 펴냈으며, 그동안 옥스퍼드는 던 연구센터를 설립하여 멋진 던 시집을 연속해서 출판하였다. 가드너(Helen Gardner)가 주도한 이 책들은 가장 꼼꼼한 학문적인 기준을 구현한 것으로 여겨진다. 1981년에는 지난 30년 동안 던에 관하여 가장 널리 읽힌 캐리(John Carey)의 흥미로운 『존 던: 삶, 정신, 그리고 예술』(*John Donne: Life, Mind, and Art*)이 나왔다. 캐리는 던이 가톨릭교로를 "배교"한 사실을 그의 성격과 작품 이해의 핵으로 삼고 있다. 그리고 아웃사이더의 사회적 신분에 대한 야망이 던의 삶을 이해하는 데 중요한 단서라고 제시한다.

혁신적인 실험을 시도한 시인으로서 던은 또한 문체론적이고 형식적인 분석의 주요 대상이었다. 그러나 던에 대한 연구는 대부분 『노래와 소네트』(*Songs and Sonnets*)와 『거룩한 소네트』(*Holy Sonnets*), 소수의 엘레지와 종교시에 집중되고 있어서 전체 작품의 절반 이하로 제한되어 있었다. 1970년대까지만 하더라도 존 던 비평은 신비평적 글읽기에 머물렀으나, 1980년대에 들어서면서부터 던을 비롯한 17세기 텍스트에 대한 연구가 젠더 개념이나 이데올로기, 권력, 르네상스기의 언어에 대한 탐구 등으로 새로운 시각에서 접근할 수 있게 된다. 최근의 비평가들은 던의 시를 해체주의와 페미니즘, 신역사주의, 문화유물론, 정신분석학 등 다양한 현대 비평적 방법론을 통하여 텍스트성(textuality)과 문화, 문학작품의 생산과 수용, 젠더에 대한 새로운 생각을 바탕으로 재조명하는 작업을 진행하고 있다.

엘리엇이 던과 형이상학파 시인들을 재발견한 때로부터 지금까지 던의 시와 이들 시가 불러일으킨 비평적 반향은 문학 비평사에서 중요한 위치를 차지하고 있다. 던의 시는 역사와 성(sexuality)과 지식, 그리고 신앙 사이의 상호관련성을 보여줌과 동시에, 이에 대한 깊은 명상과 함께 이를 해석하고자 하는 강한 욕망을 드러내고 있다. 성적 욕망과 함께, 정신적이고 종교적인 욕망뿐 아니라 명예에 대한 욕망이 서로 얽힌 상태로 가득 차 있는 던의 텍스트는 이를 해석하려는 문학 비평가들의 욕망을 자극하면서 지금까지 많은 논쟁을 불러일으켜 왔다. 문학 비평은 역사적 · 문화적 · 제도적 맥락에 의해 형성된다고 할 수 있는데, 최근 신역사주의(Arthur Marotti, Jonathan Goldsberg)와 마르크시즘(David Aers, Gunther Kress, Richard Halpern), 해체주의(Thomas Docherty, Catherine Belsey, Claude Summers, Ted-Larry Pebworth), 정신분석비평(Ronald Corthell, Ben Saunders)과 페미니즘(Janel Mueller, Janet Halley, Elizabeth Harvey, Achsah Guibbory), 독자반응비평(Stanley Fish) 등 다양한 비평적 방법이 저마다의 방식으로 던의 텍스트를 해석하려는 시도를 하고 있다. 특히 던과 르네상스 텍스트를 정치적인 함의를 가득 담은 형태로 해석하는 신역사주의자와 문화유물론자들은 개별적인 작품에 대한 분석과 해석을 하던 이전의 경향에서 벗어나, 던의 작품 전체를 사회적 · 경제적 · 정치적인 문맥을 포함하는 하나의 사회문화적 모체(matrix)로 파악하는 보다 포괄적인 비평적 시각을 소개하고 있다.

던의 생애와 작품

■ 존 던은 1572년 런던의 가톨릭 집안에서 태어났다. 그의 아버지는 부유한 철물회사의 관리인으로, 어떻게든지 정부의 간섭을 감쪽같이 피하는 영향력 있는 가톨릭신자 중의 한 사람이었으나 던이 네 살 때 사망했다. 그의 어머니는 시인이자 극작가인 존 헤이우드(John Heywood)의 막내딸이었고 『유토피아』(*Utopia*)의 작가이자 순교자인 토마스 모어 경(Sir Thomas More)의 조카딸이었다. 두 삼촌은 예수회 신부였다. 그는 옥스퍼드와 케임브리지 대학에서 공부하고 링컨 법학원도 다녔으나 영국 국교에 충성을 서약하지 않아서 학위는 받지 못했다. 1590년대의 어느 때쯤 조용히 가톨릭을 버린 후에도 그는 영국 국교도가 될 마음이 내키지 않았다. 그는 초기 시 몇 편이 증명해 주듯이 잠시 종교적 회의에 빠진 듯 잠정적으로 가톨릭 신앙을 포기하고 자유사상을 누리는 자세를 취했다. 그는 장사 수완도 없었다. 비록 아버지로부터 유산을 물려받았지만 그것은 자립을 할 수 있을 만큼 충분한 돈이 못 되었다. 그가 기지와 매력, 학식, 용맹, 그리고 무엇보다도 용모에 의지하여 출세의 길을 택한 연유가 여기에 있었다. 또한 이 무렵부터 던이 오늘날까지 명성을 얻고 있는 『노래와 소네트』(*Songs and Sonnets*)를 쓰기 시작했을 것으로 추측된다. 얼마만큼은 순전히 지적 호기심 때문에 그는 신학, 의학, 법률 그리고 고전문학에 관한 책을 엄청나게 읽었다. 그리고 자신의 학식과 기지를 과시하기 위하여 글을 썼다. 1593년

그의 동생 헨리(Henry)가 가톨릭 신부를 은닉시켜 주었다 해서 뉴게이트 감옥에 투옥되었고 곧 병들어 옥사하는 비극이 생겼다. 종교적 갈등이 곧 정치적 논쟁이었던 시대에 던은 구교도와 신교도의 잔인하고 무모한 희생을 지켜봐야 했다. 『노래와 소네트』에 나타난 배반과 부정의 주제는 사랑에 대한 던의 사적인 생각이라기보다는 시대적이고 종교적인 변화와 함께 생각하고 의문하고 변화하는 인간을 표현한 것으로 보아야 할 것이다.

그는 대륙을 여행하였는데 특히 스페인을 여행했던 것으로 보인다. 법학원에 들어가 정계나 법조계에서 입신할 뜻을 굳힌 그는 롤리(Raleigh)와 에섹스(Essex)를 따라서 1596년 스페인 보물함대를 추적하는 카디즈 원정(Cadiz Expedition)과 이듬해 아조레스 원정(Azores Expedition)에 나섰다. 이때의 경험은 던의 초기시 「폭풍」(“The Storm”)과 「정적」(“The Calme”)에 반영되어 있다. 그는 궁정에 들어갈 기회를 포착하였고, 고귀한 궁정의 귀부인들에게 알랑거렸다. 대체로 그는 등용될 희망에 부풀어 있는 재기발랄한 젊은이의 생활을 영위하였다. 원정에 동참했던 동료 토마스 이거튼 2세(Thomas Egerton Jr.)는 후에 최고 관직에 있던 그의 부친인-당시 국새 상서이고 황실 출납장관(Keeper of the Great Seal and Lord High Chanceller)이었던-이거튼 경에게 던을 소개하였다.

1598년 던이 국새 상서인 토마스 이거튼 경(Sir Thomas Egerton)의 개인비서로 임명되었을 때 출세를 위한 그의 전도는 유망한 듯이 보였다. 그는 엘리자베스 여왕의 마지막 의회에 참석했고 궁정의 사교계에 진출하였다. 그러나 1601년 그는 이거튼 경 부인의 조카딸인 17세의 앤 모어(Anne More)와 비밀리에 결혼을 하는 바람에 자신의 세속적인 희망을 꺾어 버렸다. 이때 앤은 17세, 던은 29세였다. 비록 결혼생활은 행복하였지만, 던이 저지른 경솔한 행위는 결코 용서되지 않았다. 이들의 결혼은 신부의 아버지인 조지 모어 경(Sir George More)의 승낙 없이 한 것이어서 관습법과 교회법 모두를 어긴 셈이 되었고, 결국 던은 1602년까지 감옥에 갇혀 있었다.

면직은 곧 그들에게 재정의 몰락을 의미했으므로 던은 그의 아내에게 쓴 편지에서, "존 던과 앤 던이 망했구나"(John Done, Anne Donne, undone)라고 탄식했다. 그는 젊은 시절 이거튼 경의 비서가 되었을 당시에는 공직생활에 대한 야망을 품었을 것이나 17세 어린 소녀와 사랑의 도주를 감행함으로써 대망의 꿈을 접어야 했을 것이다. 더구나 결혼 후 거의 매해 늘어나는 아이들은 던에게는 경제적 어려움을, 부인 앤에게는 건강을 유지하는데 부담을 주었다. 또한 질병과 사산으로 자식들을 잃어버리는 슬픔을 겪어야 했다. 이 무렵에 던은 스페인 문학을 비롯한 각국의 문학사상에 흥미를 느껴 풍자시와 서정시를 썼고, 가톨릭 신앙에 대해서는 회의적이었다. 조지 모어 경이 그를 투옥시키고 직위를 해제함으로써 다음 10여 년간 시인은 늘어나는 식구들을 먹여 살리기 위해 쉴 새 없이 임시 일자리라도 얻어 보려고 안간힘을 쓰지 않을 수가 없었다. 35세가 되었을 때의 던은 이미 더 이상 1590년대의 그 재기발랄한 젊은 멋쟁이가 아니었다.

출옥 후 궁핍하고 괴로운 생활이 15년간이나 계속되었고, 1608년 중병에 걸렸을 때에는 끊임없이 자살을 생각하며 『자살론』(*Biathanatos*)을 쓸 정도였다. 던은 시골에서 부인과 친척들과 함께 살면서 궁색한 생활을 하는 가운데 후원자를 찾았다. 조지 허버트(George Herbert)의 어머니인 맥덜린 허버트(Magdalen Herbert)와의 우정과 루시 베드포드(Lucy Bedford) 백작 부인의 후원은 이 무렵에 이루어졌다. 이 당시 가톨릭 신자도 국교에 충성을 서약해야 한다는 『의사 순교자』(*The Pseudo-Martyr*), 「신성에 관한 수상록」("Essays in Divinity")」등을 썼으며, 옥스퍼드 대학에서 명예학위(M. A.)를 받았다.

이때 가톨릭으로부터 영국 국교로 개종하게 된다. 1607년 던이 비록 영국 국교회의 성직을 단호하게 거부한 바 있지만 제임스 왕은 그가 언젠가는 훌륭한 국교회의 설교가가 될 것이라고 확신하고 있었다. 왕이 성직자 외의 어떠한 지위에도 던을 등용 내지 고용해서는 안 된다고 선언한 연유가 여기에 있었다. 불우한 가운데서도 1609년에는 뛰어난 종교시 『거룩한 소네트』(*Holy Sonnets*)를 썼고, 이어서 「세계의 해부」("An Anatomy of the World", 1611)와 그 속편 「영혼의 진행」("Of the Progress of the Soul")으로 이루어진 『기일』(*The Anniversaries*)을 썼다. 이 작품은 자신의 든든한 후원자인 로버트 드루리 경(Sir Robert Drury)을 위하여, 그가 살아서 한 번도 본 적이 없는 드루리의 외동딸 엘리자베스(Elizabeth)의 죽음을 애도하는 비가이다. 『첫 번째 기일』(*Anatomy of the World: The First Anniversary*)은 1611년에 출판되었는데, 이것이 던의 시가 최초로 출판된 것이었다. 던은 그의 가족과 함께 런던의 드루리가(街)에 있는 후견인의 집에서 살 수 있었고, 1611년 드루리와 함께 대륙여행도 하게 되었다.

가톨릭 가정에서 태어났고 왕권이 종교를 지배하는 것에 항거하다가 순교한 영국 르네상스 시대의 인물 토마스 모어 경의 자손이기도 했던 던이 종교를 바꾸는 것은 신념을 배반하는 고통이었을 것이다. 당시에는 구교도들이 박해를 받던 시절이어서 그들이 관직에 오르기는 너무나 어려웠다. 『거룩한 소네트』는 이러한 던의 종교적 갈등을 반영한다. 그의 마음속 깊숙이 자리하고 있는 죄의식이 구체적으로 무엇인지를 나타내 주지는 않는다. 『거룩한 소네트』는 근본적으로 던의 젊은 날의 『노래와 소네트』처럼 자신과의 끈질긴 '논쟁'이다. 그러나 던의 종교시에서 '논쟁'의 결말은 '구원의 요청'이다. 던은 다시 관직에 오르기를 희망했으나 이루어지지 않았다. 대륙여행을 다녀온 그는 국왕의 조언을 받아들여 망설임을 극복하고 1615년에 성공회 신부로 임명됨으로써 성직에 발을 들여놓았다. 그동안 제임스 왕의 사제였던 토마스 모튼(Thomas Morton)과 일하면서 국교기피자들을 개종하도록 종용하는 가운데, 1615년 성공회 신부로 임명되었던 것이다. 그는 당연한 순서에 따라서 링컨 법학원의 신학강사에 임명되었다. 17세기에는 설교가 궁정의 사교계에서, 그리고 변호사들의 집합소인 네 법학원에서 행해지면서 정신적인 신앙심의 한 형식, 즉 지적인 활동도 되고 연예행사도 되었다. 던의 형이상학적 스타일, 두드러진 박식, 그리고 극적인 기지는 당장에 그를 위대한 설교가로 부각시켰다. 그의 설교는 약 160편이 남아 있다.

1617년 부인 앤이 열두 번째 아기를 사산하면서 33세로 요절하는 최대의 슬픔을 겪게 된다. 부인을 여의고 일곱 명의 살아남은 아이들과 생활하면서 1621년 세인트 폴 성당의 수석사제가 되어 죽을 때까지 그 직에 있었다. 그곳에서 구시가의 변호사, 궁정인, 도매상과 소매상들이 모인 많은 회중에게 설교를 하였다. 게다가 그의 개인적인 기도집이 1624년에 출판이 되었고, 사망하기 몇 년 전까지는 계속해서 종교시를 썼다. 후기에는 대부분의 종교시(Divine Poems and Holy Sonnets)와 유명한 『위급한 때의 기도문』(*Devotions upon Emergent Occasions*, 1623)을 남겼다. 기도문에는 "어느 누구도 완전한 섬이 아니다"(No man is an island entire of itself) 나 "누구를 위해 종을 울리는지 알아보려고 하지 마라"(Ask not for whom the bell tolls)와 같은 잘 알려진 구절들이 있다. 오랫동안 병상에 있었던 던은 1631년 그의 유명한 「죽음의 결투」("Death's Duel")를 설교하고 얼마 안 되어 세상을 떠났다. 이 마지막 설교는 죽음에 대한 생각에 사로잡혀서 죽기 몇 주일 전 이른 바 자신의 장례식을 염두에 두고 한 설교라고 할 수 있다. 그것은 수의를 입고서 자신의 마지막 초상을 위해 포즈를 취하고 있는 사람에게나 어울릴, 사멸에 대한 무시무시한 개인적인 명상이다.

■ 던의 시는 그의 선배들 및 대부분의 동시대인들이 쓰던 시와는 선명한 단절을 이루고 있다. 대다수 엘리자베스 시대의 시는 그 특징이 장식적이고 화려하며, 이미지는 아름답게 치장되고 운율은 감미롭다. 이미지와 이미지가 서로 조화를 이루고 시행은 거의 예상이 가능할 만큼 정확히 물결치면서 다음 시행으로 넘어간다. 반면에 던의 시에는 거의가 극적인 대조와 긴장, 혹은 지적인 난해성 등의 요소를 담고 있는 농축된 이미

지를 특징으로 하는 기상(conceit)이 자주 구사되며 대부분의 전통적인 수식은 완전히 사라져 버린다. 예를 들면 그의 연애시에서는 결코 피 흘리는 심장, 장미 같은 뺨, 버찌 같은 입술, 진주 같은 이, 혹은 사랑의 화살을 쏘는 큐피드 같은 표현을 만나 보지 못한다. 「고별사: 눈물에 대하여」("A Valediction: of Weeping")에서 흐르고 있는 눈물은 불행한 연인들이 흘리는 예의 그 소금기 있는 액체와는 다르고 훨씬 더 복잡하다. 그것은 영이고, 무이고, 애인 없는 세상의 공허함의 상징이다. 그렇지 않으면 그것은 갑자기 그녀의 모습을 비추는 지구가 되고 세계가 되어 만물을 다 실어 담기도 한다. 기상을 구사하는 시인은 자신의 재간만 과시하는 것이 아니라 철학자만큼 세계의 본질을 깊이 꿰뚫어 보기도 한다. 특히 던의 기상은 개인적인 것에서 우주적인 것으로, 그리고 다시 우주적인 것에서 개인적인 것으로 끊임없는 궤도를 그리면서 계속 비약을 한다.

던의 리듬은 구어체이고 가지각색이다. 그는 아이디어만을 비비 꼬고 뒤트는 것이 아니라 운율의 패턴과 문법 그 자체까지도 그렇게 하기를 좋아한다. 르네상스의 작가들이 "거칠고" "괴팍한" 장르로 이해하고 있던 풍자시에서는 그의 이러한 왜곡이 흔히 표현 그 자체의 흐름까지 완전히 막아 버릴 우려가 있다. 그러나 그 주제가 세속적인 것이거나 종교적인 것이거나 간에 서정시에서는 만가나 소네트에서와 마찬가지로 그의 운율이 어김없이 복잡하면서도 기억할 만한 멜로디를 창조한다. 던은 현대 시인 T. S. 엘리엇과 마찬가지로 은화처럼 맑게 마음속을 울려 주는 구절들을 지워 버리는 데 남다른 재능을 가지고 있었다. 그들은 밀턴의 그 품위 있고 무게 있는 시풍에서도, 그리고 엘리자베스 조의 그 감미로운 아름다움에서도 벗어나 있는 구어체 스타일의 양대 시인이다.

던과 그의 추종자들은 문학사에서 형이상학파 시인들(metaphysical poets)이라고 알려져 있다. 엄밀히 말해서 이것은 잘못 붙여진 이름이다. 던을 모방했던 시인들이 어떤 조직된 그룹을 형성하고 있었던 것도 아니고, 또 설사 그런 것이 있었다고 하더라도 스스로를 '형이상학파' 시인들이라고 불렀을 리가 만무하기 때문이다. 그 용어는 드라이든과 존슨 박사에 의해서 만들어진 것이었다. 그러나 던의 시 스타일의 영향은 시적인 취향이 특히 1660년 이전에 형성되었던 사람들에 의해서 광범위하게 느껴졌다. 조지 허버트, 리처드 크래쇼, 헨리 보온, 앤드루 마블, 에이브러햄 카울리 등은 단지 던의 영향을 찾아볼 수 있는 시인들 중 가장 유명한 사람들이었다. 그러나 1660년 문학적인 취향의 대변화가 일어나자 던과 기발한 스타일은 유행에서 사라지게 되었다. 18세기와 19세기 동안에는 그와 그의 추종자들의 작품이 거의 읽히지 않았으며, 하물며 그 진가가 파묻혀 있었음은 말할 것도 없다. 마침내 19세기 말과 20세기 초에 던의 새로운 시집 세 권이 나왔는데, 그중에서 1921년에 발간된 그리어슨의 편집본이 재빨리 표준본으로 인정을 받았다. 몇 번이고 멋대로 고쳐진 텍스트를 정비하고 정화함으로써 그리어슨은 현대독자들이 던의 시에 보다 가까워지는 데 지대한 공헌을 하였다. 즉시 그것은 현대의 시작(詩作)에 영향을 미치기 시작하였다. 왜냐하면 당시의 현대 시인들은 19세기 말기의 낭만주의가 보여 주었던 낡아 빠진 수사로부터 그들을 구해 줄 억센 스타일을 몹시도 갈망하고 있었기 때문이다.

던의 현대적 명성을 확립시켜 준 시들 중 불과 한두 편만이 그의 생전에 출판되었고, 대부분의 시들은 필사본의 형태로 궁정과 문단에 널리 회람되고 있었다. 사태가 이처럼 어중간하게 된 데에는 실제적인 이유가 있었다. 즉, 많은 시들이 진지하고 독실한 성직자로서의 던의 명성에 오점을 찍었을 그런 작품이었기 때문이다. 그리고 또 그 시들이 어렵고 인유가 많아서 겨우 몇 사람만이 읽고 싶어 했기 때문이기도 하였다. 이처럼 던은 수서본 시집들을 접해 볼 수 있는 비교적 한정된 집단의 바깥에서는 주로 설교가로, 그리고 종교적인 작가로 알려져 있었다. 그러나 이러한 방면의 재능에서도 그는 굉장히 생산적이고 영향력 있는 사람이었다.

| 존 던 연표

1572 철물상을 경영하는 아버지 John Donne과 어머니 Elizabeth Heywood 사이에서 6명의 자녀 중 셋째로 태어남

1576 1월 부친 사망. 7월 어머니 재혼

1584 동생 Henry와 함께 Oxford 대학 Hart Hall에 입학하여 1588년까지 다님

1587-1590 Cambridge 수학

1588 Donne의 계부 사망

1589-1591 유럽 여행

1591 Thavies Inn에 입학하여 법을 공부함. 어머니 세 번째 결혼함

1592 Lincoln's Inn에 입학함. 시작(詩作) 시기: *Songs and Sonnets*, *Satires*, *Elegies* 등을 이 시기에 쓰기 시작한 것으로 추측됨

1593 6월 23일 아버지 유산을 상속받음. 동생 Henry Donne이 Newgate 감옥에서 열병으로 옥사함

1594 4월 중 동생 몫의 유산을 상속받음

1595-1596 이탈리아와 스페인 여행

1596 6월 Cadiz 탐험에 참가함

1597 Island 탐험에 참가함(6월-10월)

1598 Sir Thomas Egerton의 비서직으로 일함

1601 Backley 하원의원으로 의회에 진출. 12월 Anne More와 비밀결혼

1602 비밀결혼이 Anne의 아버지 George More 경에게 알려져 2월에 감옥에 수감됨, Thomas Morton 경의 비서직에서 해고됨. 소송에서 승소하여 부인 Anne과 재결합

1603 Elizabeth 1세 사망. James 1세 즉위. 부인 Anne의 사촌집인 Surry의 Pirford에 거주함. 딸 Constance 출생

1604 아들 John 출생. James 1세의 후견인 Thomas Morton을 도와 영국 국교 기피자를 영국 국교회로 개종시키는 일을 담당함

1605 아들 George 출생

1606 세 자녀와 부인을 이끌고 Mitcham으로 이사하여 궁핍한 생활을 함. Herbert 부인과의 우정이 이때부터 시작됨

1606-1607 아들 Francis 출생. Morton은 Donne에게 성직을 수락하도록 권함. Elizabeth 여왕 사망 후 1607년경부터 *La Corona*를 쓰기 시작함

1608 딸 Lucy 출생. 여성후원자 Bedford 백작부인이 차녀 Lucy의 대모가 됨. Irland에서 비서직을 얻으려 했으나 실패함

1609 딸 Bridget 출생

1610 1월 영국 국교 기피자를 거짓 순교자라고 비판하는 내용의 *The Pseudo-Martyr*를 출판. 4월 옥스퍼드 대학에서 명예 M. A. 학위를 받음

1611-1612 1월 딸 Mary 출생. *The First Anniversary* 출판. *Ignatius His Conclave* 출판. 11월 Robert Drury 경과 함께 Amiens, Paris, Germany로 여행을 떠나 1612년 9월에 돌아옴. *An Anatomy of the World*(*The First Anniversary*) 출판

1612 *The First and Second Anniversaries* 출판. Drury 경의 호의로 부인과 7명의 자녀를 데리고 Drury Lane에 있는 집으로 이사함

1613 공석(空席)인 베니스 대사직에 자신을 지명해 준다는 약속을 얻으려 했으나 뜻을 이루지 못함

1614 Taunton의 하원의원으로 일함. 자녀 중 2명이 사망(딸 Lucy는 5월에, 아들 Francis는 11월에 사망함)

1615 St. Paul 성당의 보제로 임명되고 왕실의 후견인으로 지명됨. 왕의 명령으로 4월 Cambridge 대학으로부터 명예 신학박사학위를 받음. 4월 딸 Margaret 출생

1616 Huntingtonshire와 Kent에 거주함

1617 8월 10일 부인 Anne More가 사산아를 낳고 1주일 후인 8월 15일에 사망함

1619 5월 대사의 임무를 띤 Doncaster 백작과 함께 독일을 여행함. A Hymn to Christ at the Author's last going into Germany를 씀

1620 London으로 귀향함

1621 11월 19일 St. Paul 성당의 사제장으로 임명됨

1622 Bedfordshire의 Blunham의 교구사제로 임명됨

1623 11월-12월까지 건강이 악화되어 중병을 앓음. 12월 장녀 Constance가 Edward Alleyn과 결혼함

1624 St. Dunston 교구사제로 지명됨. *Devotions upon Emergent Occasions* 출판

1625 3월 27일 James 1세 사망. 4월 3일 Charles 1세에게 첫 번째 설교함. London을 휩쓸었던 흑사병을 피하기 위해 Chelsa에 있는 Sir John Danvers의 농장으로 거처를 옮김

1626 2월 2일 Charles 1세 즉위(대관식)

1627 1월 딸 Lucy 사망. 3월 18일 가장 절친하던 친구 Henry Goodyer 경 사망. 3월 21일 여성후원자 Bedford 백작부인 사망. 6월 친구이자 여성후원자인 Magdalen Danvers 부인 사망

1628 2월 오랜 친구 Christopher Brooke 사망

1630 6월 24일 미망인이 된 딸 Constance Alleyn이 Samuel Harvey와 결혼함. 중병을 앓으며 자신의 유언을 준비함

1631 Donne의 어머니가 86세로 별세함. 2월 26일 Whitehall의 어전에서 마지막 설교("Death's Duell")를 함. 3월 초 "Heliotropes"라는 붉은 돌의 인장을 기념물로 친구에게 주고 수의로 온몸을 싼 자신의 초상화를 그리게 함. 3월 31일 런던에서 사망. 4월 3일 St. Paul 성당에 안장됨

1632 수의를 입은 던의 초상이 흰 대리석에 조각되어 St. Paul 성당에 세워져 현재까지도 잘 보존되어 있음

| 참고문헌

제1부『엘레지』(*Elegies*)

Abrams, M. H. *A Glossary of Literary Terms*. Orlando: Harcourt Brace College Publishers, 1999.

Benet, Diana Trevino. "Sexual Transgression in Donne's Elegies." *Modern Philology* 92.1 (1994): 14-35.

Davies, Stevie. *John Donne*. Plymouth: Northcote House, 1994.

Guibbory, Achsah. "'Oh, Let Mee Not Serve So': The Politics of Love in Donne's *Elegies*." Ed. Andrew Mousley. *John Donne*. New York: St. Martin's, 1999. 25-44.

Marotti, Arthur F. John Donne, Coterie Poet. Madison: U of Wisconsin P, 1986.

전통에 대한 도전과 여성의 몸

최재헌.『르네상스 시대 영국시의 이해』. 대구: 경북대학교출판부, 2005.

_____.「영국 르네상스 텍스트의 여성의 목소리--존 던의『엘레지』와「사포가 필레니스에게」읽기」.『영어영문학』51.2 (2005): 305-29.

Belsey, Catherine. *Desire: Love Stories in Western Culture*. Oxford: Oxford UP, 1994.

Benet, Diana Trevino. "Sexual Transgression in Donne's Elegies." *Modern Philology* 92.1 (1994): 14-35.

Carey, John. *John Donne: Life, Mind, and Art*. New York: Oxford UP, 1981.

Corns, Thomas N., ed. *The Cambridge Companion to English Poetry: Donne to Marvell*. Cambridge: Cambridge UP, 1993.

Docherty, Thomas. *John Donne, Undone*. London: Methuen, 1986.

Donne, John. *John Donne: The Complete English Poems*. Ed. A. J. Smith. London: Penguin, 1996.

Fish, Stanley. "Masculine Persuasive Force: Donne and Verbal Power." Mousley 157-81.

Guibbory, Achsah. "'Oh, Let Mee Not Serve So': The Politics of Love in Donne's *Elegies*." ELH 57.4 (1990): 811-33.
______. "John Donne." Corns 123-47.
Marotti, Arthur F. *John Donne, Coterie Poet*. Madison: U of Wisconsin P, 1986.
Mousley, Andrew, ed. *John Donne*. New York: St. Martin's, 1999.
Peterson, Douglas L. *The English Lyric from Wyatt to Donne: A History of the Plain and Eloquent Styles*. Princeton: Princeton UP, 1967.
Stringer, Gary A., ed. *The Variorum Edition of the Poetry of John Donne*. Vol 2. Indianapolis: Indiana UP, 2000.

성 역할과 성 정체성

최재헌. 「페트라르카의 전통에 대한 도전: 존 던의 『엘레지』에 그려진 여성의 몸」. 『영미어문학』 79 (2006): 19-38.
Benet, Diana Trevino. "Sexual Transgression in Donne's Elegies." *Modern Philology* 92.1 (1994): 14-35.
Bueler, Lois E. "Donne's Failure of Sophistry." *Studies in English Literature* 25.1 (1985): 69-85.
Carey, John. *John Donne: Life, Mind, and Art*. New York: Oxford UP, 1981.
Chartier, Roder, ed. *History of Private Life*. Vol III. *Passions of the Renaissance*. Cambridge, MA: Harvard UP, 1989.
Docherty, Thomas. *John Donne, Undone*. London: Methuen, 1986.
Donne, John. *John Donne: The Complete English Poems*. Ed. A. J. Smith. London: Penguin, 1996.
Guibbory, Achsah. "'Oh, Let Mee Not Serve So': The Politics of Love in Donne's *Elegies*." *ELH* 57.4 (1990): 811-33.
Marotti, Arthur F. *John Donne, Coterie Poet*. Madison: U of Wisconsin P, 1986.
Miner, Earl. *The Metaphysical Mode from Donne to Cowley*. Princeton UP, 1969.
Reid, David. *The Metaphysical Poets*. London: Longman, 2000.
Smith, A. J. *Literary Love: The Role of Passion in English Poems and Plays of the Seventeenth Century*. London: Edward Arnold, 1983.
Stringer, Gary A., ed. *The Variorum Edition of the Poetry of John Donne*. Vol 2. Indianapolis: Indiana UP, 2000.
Sugg, Richard. *Critical Issues: John Donne*. New York: Palgrave Macmillan, 2007.

젠더와 식민주의

Abrams, M. H. *A Glossary of Literary Terms*. Orlando: Harcourt Brace, 1999.

Belsey, Catherine. *Desire: Love Stories in Western Culture*. Oxford: Oxford UP, 1994.

Carey, John. *John Donne: Life, Mind, and Art*. New York: Oxford UP, 1981.

Corns, Thomas N., ed. *The Cambridge Companion to English Poetry: Donne to Marvell*. Cambridge: Cambridge UP, 1993.

Davies, Stevie. *John Donne*. Plymouth: Northcote House, 1994.

Docherty, Thomas. *John Donne, Undone*. London: Methuen, 1986.

Donne, John. *John Donne: The Complete English Poems*. Ed. A. J. Smith. London: Penguin, 1996.

Guibbory, Achsah. "'Oh, Let Mee Not Serve So': The Politics of Love in Donne's *Elegies*." Mousley 25-44.

Marotti, Arthur F. *John Donne, Coterie Poet*. Madison: U of Wisconsin P, 1986.

Mousley, Andrew, ed. *John Donne*. New York: St. Martin's, 1999.

Nutt, Joe. *John Donne: The Poems*. London: Macmillan, 1999.

Patterson, Annabel. *Censorship and Interpretation*. Madison: U of Wisconsin P, 1984.

Raman, Shankar. "Can't Buy Me Love: Money, Gender, and Colonialism in Donne's Erotic Verse." *Criticism* 43 (2001): 135-68.

Young, R. V. "'O My America, My New-found-land.' Pornography and Imperial Politics in Donne's *Elegies*." *South Central Review* 4 (1987): 35-48.

남성의 욕망과 판타지

최성희. 「존 던의 초기 애정시에 나타난 가부장적 성 역할 구조의 불안정성--언어와 의복을 중심으로」. 『고전르네상스영문학』 11.2 (2002): 81-104.

최재헌. 「영국 르네상스 텍스트의 여성의 목소리--존 던의 『엘레지』와 「사포가 필레니스에게」 읽기」. 『영어영문학』 51.2 (2005): 305-29.

_____. 「양성 간의 긴장과 성 역할의 전도: 존 던의 『엘레지』」. 『밀턴과근세영문학』 17.2 (2007): 273-94.

Bell, Ilona. '"Gender Matters: the Women in Donne's Poems." *The Cambridge Companion to John Donne*. Ed. Achsah Guibory. Cambridge: Cambridge UP, 2006. 201-16.

Benet, Diana Trevino. "Sexual Transgression in Donne's Elegies." *Modern Philology* 92.1 (1994): 14-35.

Carey, John. *John Donne: Life, Mind, and Art*. New York: Oxford UP, 1981.
DiPasquale, Theresa M. "Donne, Women, and the Specter of Misogyny." *The Oxford Handbook of John Donne*. Ed. Jeanne Shami, Dennis Flynn and M. Thomas Hester. Oxford: Oxford UP, 2011. 678-89.
Docherty, Thomas. *John Donne, Undone*. London: Methuen, 1986.
Donne, John. *John Donne: The Complete English Poems*. Ed. A. J. Smith. London: Penguin, 1996.
Fish, Stanley. "Masculine Persuasive Force: Donne and Verbal Power." *Soliciting Interpretation: Literary Theory and Seventeenth-Century English Poetry*. Ed. Elizabeth D. Harvey and Katherine Eisaman Maus. Chicago, U pf Chicago P, 1990. 223-52.
Guibbory, Achsah. "'Oh, Let Mee Not Serve So': The Politics of Love in Donne's *Elegies*." *ELH* 57.4 (1990): 811-33.
Marotti, Arthur F. *John Donne, Coterie Poet*. Madison: U of Wisconsin P, 1986.
Mueller, Janel. "Women Among the Metaphysicals: A Case, Mostly, of Being Donne For." *Modern Philology* 87.2 (1989): 142-58.
Post, Jonathan F. S. "Donne's Life: a Sketch." *The Cambridge Companion to John Donne*. Ed. Achsah Guibory. Cambridge: Cambridge UP, 2006. 1-22.
Sugg, Richard. *Critical Issues: John Donne*. New York: Palgrave Macmillan, 2007.

레즈비언의 사랑과 성차

Allen, Don Cameron. "Donne's Sappho to Philaenis," *English Language Notes*, 1964. 1: 188-91.
Blank, Paular. "Comparing Sappho to Philaenis: John Donne's 'Homeopoetics.'" *PMLA* 110.3 (1995): 358-68.
Carey, John. *John Donne: Life, Mind, and Art*. New York: Oxford UP, 1981.
Correll, Barbara. "Symbolic Economies and Zero-Sum Erotics: Donne's 'Sapho to Philaenis.'" *ELH* 62.3 (1995): 487-507.
Docherty, Thomas. *John Donne*, Undone. London: Methuen, 1986.
Donne, John. *John Donne: The Complete English Poems*. Ed. A. J. Smith. London: Penguin, 1996.
Gardner, Helen, ed. *John Donne: The Elegies and The Songs and Sonnets*. Oxford: Clarendon P, 1965.
Guibbory, Achsah. "'Oh, Let Mee Not Serve So': The Politics of Love in Donne's *Elegies*." Mousley 25-44.
Harvey, Elizabeth. *Ventriloquized Voices: Feminist Theory and English Renaissance*

Texts. London: Routledge, 1992.
Holstun, James. "'Will You Rent Our Ancient Love Sunder?': Lesbian Elegy in Donne, Marvell, and Milton." *ELH* 54.4 (1987): 835-67.
Infante, Cecilia. "Donne's Incarnate Muse and His Claim to Poetic Control in 'Sapho to Philaenis.'" Summers and Pebworth 93-106.
Marotti, Arthur F. *John Donne, Coterie Poet*. Madison: U of Wisconsin P, 1986.
Mousley, Andrew. *John Donne*. New York: St. Martin's, 1999.
Mueller, Janel. "Lesbian Erotics: The Utopian Trope of Donne: 'Sapho to Philaenis.'" Summers 103-34.
Stringer, Gary A., ed. *The Variorum Edition of the Poetry of John Donne*. Vol 2. Indianapolis: Indiana UP, 2000.
Summers, Claude J, ed. *Homosexuality in Renaissance and Enlightenment England: Literary Representations in Historical Context*. New York: Haworth, 1992.
Summers, Claude J and Ted-Larry Pebworth, ed. *Representing Women in Renaissance England*. Columbia: U of Missouri, 1997.

제2부 『풍자시』(*Satires*)

최재헌. 『르네상스 시대 영국시의 이해』. 대구: 경북대학교출판부, 2005.
Abrams, M. H. *A Glossary of Literary Terms*. Orlando: Harcourt Brace College Publishers, 1999.
Boose, Lynda E. "The 1599 Bishop's Ban, Elizabethan Pornography, and the Sexualization of the Jacobean Stage." *Enclosure Acts: Sexuality, Property, and Culture in Early Modern England*. Eds. Richard Burt and John Michael Archer. Ithaca: Cornell UP, 1994. 185-200.
Guibbory, Achsah. "John Donne." *The Cambridge Companion to English Poetry: Donne to Marvell*. Ed. Thomas N. Corns. Cambridge: Cambridge UP, 1993. 123-47.
Patterson, Annabel. "Satirical Writing: Donne in Shadows." *The Cambridge Companion to John Donne*. Ed. Achsah Guibbory. Cambridge: Cambridge UP, 2006. 117-31.
Perry, Curtis. "Court and Coterie Culture." *A Companion to English Renaissance Literature and Culture*. Ed. Michael Hattaway, Oxford: Blackwell, 2000. 106-18.

영국 사회와 궁정에 대한 풍자: 「풍자시 1」과 「풍자시 4」

최재헌. 「존 던의 「풍자시 3」: 종교와 정치」. 『밀턴과 근세영문학』 14.2 (2004): 265-83.

Bellette, A. F. "The Originality of Donne's Satires." *University of Toronto Quarterly* 44.2 (1975): 130-40.

Bradbury, Nancy Mason. "Speaker and Structure in Donne's Satyre IV." *Studies in English Literature, 1500-1900* 25.1 (1985): 87-107.

Donne, John. *John Donne: The Complete English Poems*. Ed. A. J. Smith. London: Penguin, 1996.

Guibbory, Achsah. "John Donne." *The Cambridge Companion to English Poetry: Donne to Marvell*. Ed. Thomas N. Corns. Cambridge: Cambridge UP, 1993. 123-47.

King, John N. "Traditions of Complaint and Satire." *A Companion to English Renaissance Literature and Culture*. Ed. Michael Hattaway, Oxford: Blackwell, 2000. 367-77.

Nutt, Joe. *John Donne: The Poems*. London: Macmillan, 1999.

Patterson, Annabel. "Satirical Writing: Donne in Shadows." *The Cambridge Companion to John Donne*. Ed. Achsah Guibbory. Cambridge: Cambridge UP, 2006. 117-31.

참된 종교에 대한 모색: 「풍자시 3」

Carey, John. *John Donne: Life, Mind, and Art*. New York: Oxford UP, 1981.

Corns, Thomas N., ed. *The Cambridge Companion to English Poetry: Donne to Marvell*. Cambridge: Cambridge UP, 1993.

Docherty, Thomas. *John Donne, Undone*. London: Methuen, 1986.

Donne, John. *John Donne: The Complete English Poems*. Ed. A. J. Smith. London: Penguin, 1996.

Gross, Kenneth. "John Donne's Lyric Skepticism: In Strange Way." *Modern Philology* 101.3 (2004): 371-99.

Guibbory, Achsah. "'Oh, Let Mee Not Serve So': The Politics of Love in Donne's *Elegies*." Mousley 25-44.

______. "John Donne." Corns 123-47.

Herek, Bryan Thomas. "Donne's Satyre III." *Explicator* 60.4 (2002): 193-96.

Hester, M. Thomas. "'All Our Soules Devotion': Satire as Religion in Donne's *Satyre III*." *Studies in English Literature, 1500-1900* 18.1 (1978): 35-55.

Mousley, Andrew, ed. John Donne. New York: St. Martin's, 1999.
Nutt, Joe. *John Donne: The Poems*. London: Macmillan, 1999.
Parfitt, George. *English Poetry of the Seventeenth Century*. London: Longman, 1992.
Scodel, Joshua. *Excess and the Mean in Early Modern English Literature*. Princeton: Princeton UP, 2002.
_____. "The Medium Is the Message: Donne's 'Satire 3,' 'To Sir Henry Wotton'(Sir, more than kisses), and the Ideologies of the Mean." *Modern Philology* 90.4 (1993): 479-511.
Sloan, Thomas O. "The Persona as Rhetor: An Interpretation of Donne's *Satyre III.*" *Quarterly Journal of Speech* 51 (1965): 14-27.
Strier, Richard. "Radical Donne: 'Satyre III.'" *ELH* 60 (1993): 283-321.
Wiggins, Peter DeSa. *Donne, Castiglione, and the Poetry of Courtliness*. Bloomington: Indiana UP, 2000.

사법 제도와 법조인에 대한 풍자: 「풍자시 2」와 「풍자시 5」

Castiglione, Baldassare. *The Book of the Courtier*. Trans. Sir Thomas Hoby. London: J.M. Dent & Sons, 1956.
Donne, John. *John Donne: The Complete English Poems*. Ed. A. J. Smith. London: Penguin, 1996.
King, John N. "Traditions of Complaint and Satire." *A Companion to English Renaissance Literature and Culture*. Ed. Michael Hattaway, Oxford: Blackwell, 2000. 367-77.
Lein, Clayton D. "Theme and Structure in Donne's Satyre II." *Comparative Literature* 32.2 (1980): 130-50.
Lewis, C. S. *English Literature in the Sixteenth Century Excluding Drama*. Oxford: Clarendon P, 1954.
Patterson, Annabel. "Satirical Writing: Donne in Shadows." *The Cambridge Companion to John Donne*. Ed. Achsah Guibbory. Cambridge: Cambridge UP, 2006. 117-31.
Sugg, Richard. *John Donne*. New York: Palgrave, 2007.

| 찾아보기

ㄹ

ㅁ

ㅂ